Jakob Friedrichs

Jakob bleibt dran

Theologische Taktlosigkeiten und
komisch-kontroverse Kommentare
eines „Ex-Kolumnisten"

Bibliografische Information Der Deutschen Bibliothek
Die Deutsche Bibliothek verzeichnet diese Publikation in der
Deutschen Nationalbibliografie; detaillierte bibliografische Daten
sind im Internet über http://dnb.ddb.de abrufbar.

© 2003 by Joh. Brendow & Sohn Verlag GmbH, Moers
Einbandgestaltung: Georg Design, Münster
Titelfoto: Jörg Steinmetz
Satz: AbSatz, Klein Nordende
ISBN 3-87067-983-2
www.brendow-verlag.de

Inhalt

Eins noch ...

Hossa! Ich darf ein Vorwort für meine eigenen Kolumnen verfassen. Wer hätte je gedacht, dass es dazu kommt?

Als mich Martin Gundlach im Herbst 1995 fragte, ob ich Lust hätte, eine Kolumne in der *dran* zu schreiben, hätte ich nie für möglich gehalten, dass das Ganze über sechs Jahre und 57 Ausgaben anhält. In dieser Zeit habe ich mich sehr verändert, was seinen Niederschlag in den Kolumnen fand und mich mehr als einmal dazu bewog, mich kräftig in die Nesseln zu setzen. Aber es hat mir immer viel Spaß gemacht – beides, das Kolumnenschreiben, wie das sich in die Nesseln setzen. Heute, wenn ich diese Zeilen tippe, habe ich die Kolumne seit einem guten Jahr wieder vom Hals. Und mal nichts schreiben zu müssen, hat mir richtig gut getan. Allerdings bin ich auch immer wieder Leuten begegnet, die meine Stimme in der *dran* vermissen. Das hat mich natürlich gefreut – ach was, sein wir ehrlich, es hat meine innere Brust anschwellen lassen, bis zum geht nicht mehr ... Na ja, lassen wir das. Auf jeden Fall scheint es ein paar Menschen auf diesem Planeten zu geben, denen meine Kolumne etwas bedeutet hat. Und vielleicht freuen sich ein paar von ihnen mit mir darüber, dass das Ganze nun als Buch vorliegt.

Noch eins. Es ist ja ein offenes Geheimnis, dass ich nicht immer ganz zufrieden war, wie meine Texte veröffentlicht wurden (es gelang mir sogar das eine oder andere Mal, die redaktionelle Entschärfung meiner Arbeit in kleinen Randbemerkungen vorsichtig zu kritisieren und dies an den Augen des „Zensors" vorbei in die gedruckte Kolumne zu schmuggeln). Aber wie das eben so ist, wenn man einen Job hat, man lernt mit solchen Dingen zu leben. Und dass Texte redaktionell in Form gebracht werden, ist wohl ein Leiden, unter dem jeder Autor stöhnt. Ich bin jedenfalls der *dran* wirklich zu Dank verpflichtet, immerhin ließ mich die Redaktion im Großen und Ganzen sagen, was ich sagen wollte. Und mit mir saß ja jemand im Boot, der ihnen nicht nur Schulterklopfen bescherte. Ich bin mir nicht sicher, ob mich andere christliche Zeitschriften über so einen langen Zeitraum behalten hätten. Von daher konnte ich die eine oder andere stumpf gefeilte Spitze meiner Texte einigermaßen verschmerzen – freue mich aber nun umso mehr, an dieser Stelle meine Kolumnen in der ursprünglich gedachten Form zu präsentieren.

Und nochmal eins. Sprach ich eben nicht von 57 Kolumnen? Wieso sind hier nur 34 vertreten? Meine Kolumne lief in der *dran* insgesamt in drei verschiedenen Formaten und Titeln. Für dieses Buch habe ich mich entschlossen, zunächst die Kolumnen der letzten Periode „Ein Tag im Leben des Jakob F." zusammenzufassen und zu veröffentlichen. Die Kolumnen aller drei Etappen hätten den Rahmen deutlich gesprengt. Aber so Gott und der Verlag wollen und ich lebe, werden in einer nächsten Veröffentlichung auch die älteren „Meinungen" und „Erleuchtungen" Jakobs in dieser oder einer ähnlichen Form das Licht der Welt erblicken. Seid mit mir gespannt.

So. Das war's. Ich wünsche meinen alten und neuen Lesern viel Vergnügen und vielleicht auch ein paar tiefere Momente bei der Lektüre dieses kleinen Tagebuchs.

Es grüßt euch
Jakob

Mutter Theresa, Michael Jackson und ich

30. November 1997

Mannomann, dieses Mal bin ich echt spät *dran* mit meiner Kolumne. Was schreib ich nur, was schreib ich nur? Immerhin ist es die Januar-Ausgabe '98 (ab jetzt keine zwei Jahre mehr bis zum Weltuntergang ...!). Da muss doch schon was Wichtiges rein, oder? Es gibt ja so viele einschneidende Dinge, die mich zurzeit beschäftigen ... Was nehm ich nur, was nehm ich nur?

Ich könnte vielleicht davon erzählen, wie sich neulich Udo Lindenberg bei mir bekehrt hat – oder erzähle ich lieber die Geschichte, als Lee von Tic Tac Toe durch meine Handauflegung vom Nasenpopeln geheilt wurde? Nein, ich weiß es! Die Sache, als der Sänger von Pur letzten Sonntag durch die Berührung meiner linken Socke schön geworden ist – das ist es! Wobei meine Leser sicher noch mehr die Situation fesseln dürfte, als mich kürzlich der Papst bei einem Glas Bier fragte, was ich von der ganzen Kondomgeschichte halte. Aber nein, halt, das geht ja auch nicht – das fällt unters Beichtgeheimnis.

Und wen interessieren schon die paar (hundert) Promis, die durch mich in den letzten Jahren zu Jesus finden durften? Gut, dass Harald Schmidt heulend zusammenbrach, als er mich sah, stammelnd seine Sünden bekannte (mein Gott, es wurde ein *wirklich* langer Abend – und ich wollte doch eigentlich nur kurz eine Tüte Pommes holen gehen) und danach noch zwei Stunden im Geist ruhte, war eine nette Begebenheit – aber im Grunde doch Alltag. Letztlich sind das alles auch nur Menschen, vergänglicher Staub im Wind.

Vielleicht sollte ich lieber Worte der Ewigkeit sprechen, die wirklich bewegen. Ich könnte ein paar der tief schürfenden Erkenntnisse weitergeben, die der Allmächtige mir zwischen einer dieser vielen Begegnungen zuteil werden ließ (zwischen Tür und

Angel sozusagen). Ja, wie wäre es mit dem Augenblick, als ich für knapp vierzig Stunden in die Herrlichkeit Gottes entrückt wurde, als ich letztes Jahr mit Mutter Theresa am Palmsonntag ein kleines Waisenhaus in Kalkutta besuchte – gleich nachdem ich dort „rein zufällig" mit Michael Jackson zusammentraf (dessen Hautfarbe seitdem übrigens wieder schwarz ist und der sich nur nicht traut, dies in der Öffentlichkeit zuzugeben)? In diesen güldenen vierzig Stunden der Herrlichkeit wurden mir Einblicke über Einblicke gewährt, die kaum zu beschreiben sind. Zum Beispiel die Erkenntnis darüber, wie lange die Haare unseres geliebten Herrn in Wirklichkeit waren, als er noch auf Erden wandelte – um nur eines der bahnbrechenden Themen herauszugreifen, die ER mir in jenem Augenblick für den Leib Jesu aufs Herz legte (ER gestattete mir jedoch nicht die genaue Länge zu offenbaren, sondern lediglich die Formel zur Berechnung: $\mu 77\% \sum 6 < {}^3/_4 = \infty \int 3\} @ 8xyz$ – wer Ohren hat, der höre, was der Geist der Gemeinde sagt!). Fürderhin schauten meine Augen, phantastische, unbeschreibbare, himmlische Gebilde ewigen Goldes, auf denen allen dieselbe beglückende Botschaft des Lamms zu lesen war: „Made in Jerusalem".

Doch wie sollten die noch im Fleische Verhafteten unter euch das helle Licht solcher Offenbarung ertragen? Deshalb führe ich dies besser nicht weiter aus (ich möchte ja nicht, dass euch die nächste Ausgabe meiner Kolumne wegen etwaiger Blindheit verwehrt wird).

Aber womit kann ich denn dann diese wichtige Kolumne beginnen? Mit einem Bibelvers vielleicht? Ja, das macht sich in der Regel gut und ist eine ebenso geistliche wie durchaus ungewöhnliche Art und Weise solch einen Text einzuleiten. Also nehme ich meine „Hoffnung für alle"-Übersetzung, öffne sie als guter charismatischer Christ irgendwo, tippe mit meinem Finger auf einen Vers und bin schon jetzt gespannt, über was der Herr heute mit uns sprechen wird. Ah ja, altes Testament. Hesekiel

23,20f: *„Wieder packte sie die Gier nach ihren früheren Lieb-
habern, deren Glied so groß war wie das eines Esels und die so
brünstig waren wie ein Hengst. Ja, sie sehnte sich danach, wieder
mit ihnen zu schlafen wie in ihrer Jugend, als die Ägypter ihre
jungen Brüste streichelten ...*" Äh ...

Bevor ich mir mit der Exegese die Finger verbrenne und
meine Kolumne auf dem Index Jugendgefährdender Schriften
landet, probiere ich es vielleicht lieber mit der Wahrheit.

Tja, die „Wahrheit ..." Die Wahrheit ist, dass ich augenblicklich nicht viel habe, womit ich diese Kolumne beginnen, geschweige denn beenden könnte. Ich bin tatsächlich recht spät
dran (dass ich allerdings *so* spät bin, liegt nur daran, dass mein
erster Entwurf bei der Redaktion aus fadenscheinigen Gründen
keinen Anklang fand und ihr, meine lieben Leser, nun lediglich
diese zensierte Version zu lesen kriegt*). Ich wollte, ich könnte
solche Geschichten erzählen, wie ich sie mir oben aus den
Fingern gesaugt habe. Ich wollte, meine Taschen wären voller
solcher „Als-ich-neulich-beim-Pizza-holen-17-Leute-bekehren-
durfte"-Storys, sodass ich jetzt eine davon auspacken könnte –
aber das sind sie leider nicht.

Ich frage mich manchmal, was ich falsch mache. In vielen
Predigten oder Büchern klingt es oft so, als ob der Erzähler
scheinbar ununterbrochen irgendwelche unglaublichen Geschichten mit Gott erlebt, und als ob er nahezu zwischen jedem
Atemzug Zeuge eines Wunders wird. Nicht, dass ich solche Geschichten nicht gerne höre (manchmal bin ich regelrecht süchtig
danach), aber sie können einen auch ganz schön runterziehen,
wenn man sein eigenes Leben nicht damit Schritt halten sieht.

Wie wäre es denn, wenn wir eine Rubrik im Gottesdienst einführen würden, in der jeder davon Zeugnis ablegen darf, was er
gerade nicht mit Gott erlebt? Also wo man sozusagen als Aus-
gleich alle die Dinge erzählen dürfte, bei denen man, wenn man
ehrlich ist, das Gefühl nicht los wird, dass der liebe Gott bloß auf

seiner Wolke gesessen und zugeguckt hat, während man sich selber abstrampeln musste. Wenn Gott zum Beispiel keine Lust hatte, ein Gebet zu erhören, oder jemanden nicht heilen wollte. Wenn sich etwas als Humbug herausstellt, was man lange Zeit als Gottes persönliche Zusage an sich empfunden hat. Wenn man selber unfähig war, von Gott die Kraft zu empfangen, der Sünde zu widerstehen usw. Also kurz gesagt, eine Rubrik, in der man von den tausend Situationen erzählen darf, in denen man keinen Parkplatz fand, obwohl man dafür gebetet hat. Das wäre doch eine lustige Rubrik, oder? Vielleicht wäre sie auch eher traurig ...

Ich hoffe, es hält mich jetzt niemand für einen Ketzer. Vielleicht geht es euch ja auch ganz anders, und ihr habt die Taschen voller Gotteserlebnisse und fragt euch die ganze Zeit, was der Friedrichs da eigentlich wieder will. Mir kommen solche Gedanken eben, wenn ich mein bescheidenes Leben mit denen aus christlichen Büchern oder Predigten vergleiche. Aber vielleicht geht es ja auch noch ein paar anderen so, ja vielleicht in Wahrheit sogar den Predigern und Buchautoren – es wäre ja immerhin möglich. Und wenn dem so wäre, wäre es ja vielleicht schon damit getan, dass wir alle einfach öfter auch von den Dingen erzählen, die nicht so liefen, wie die Christenheit es gerne hätte.

.

*Anmerkung: Die hier vorliegende Version ist ein Konglomerat aus der ursprünglich von mir vorgesehenen (von der *dran* jedoch abgelehnten) und der dann tatsächlich erschienenen Kolumne. Sozusagen ein dritter, endgültiger Entwurf. So gefällt mir der Text am besten.
(Woran man wohl sieht, dass redaktionelle Eingriffe nicht nur wegnehmen, sondern manchmal auch den Anstoß dazu liefern können, etwas zu addieren, was den Text bereichert und sonst gefehlt hätte. In diesem Fall, das komplette Ende.)

Sozialeinhalb

26. Januar 1996

Letzter Tag meines Studiums. Morgens: meine letzte mündliche Prüfung. Nachmittags: das lang ersehnte Diplom! Jetzt bin ich Sozialpädagoge.

Viereinhalb Jahre liegen hinter mir. Viereinhalb Jahre Ausbildung, die mir das Werkzeug in die Hand geben sollten, den Nöten der Welt zu begegnen. Viereinhalb Jahre, um mich in einen sozial verantwortlichen Menschen zu verwandeln. Viereinhalb Jahre, in denen ich versucht habe, ganz bewusst als Christ meinen Mann in der Welt (der Fachhochschule) zu stehen. Heute, weitere zweieinhalb Jahre später, blicke ich auf mein Studium zurück und weiß nicht recht, was ich dazu sagen soll. Nicht zu meiner Ausbildung – darauf werde ich sicherlich an anderer Stelle einmal Bezug nehmen – nein, zu mir selbst, währenddessen.

Ein sozialer Mensch werden – welch passendes Ziel für einen Christen, nicht? Die Sache hatte nur einen Haken. Ich war dermaßen engagiert in meiner Gemeinde, dass ich für die Welt um mich herum fast keine Zeit mehr hatte. Sicher, ich habe evangelistische Konzerte gegeben, noch und nöcher, und manchmal sogar auf der Straße gepredigt. Ich war in Gebetskreisen, die in Fürbitte für diese Welt einstanden, und habe Gott um Erweckung für Deutschland angefleht. Und in der Regel habe ich mich immer zu Jesus und seinen Werten bekannt, wenn das Gespräch darauf kam (und das ist während eines Sozialpädagogikstudiums an einer linken FH gar nicht so einfach – das kann ich jedem versichern!). Ich habe sogar immer wieder nach Gelegenheiten gesucht, um anderen von der Hoffnung erzählen zu können, die in mir ist. Formal gesehen habe ich mein Bestes für die Welt gegeben. Das kann ich, glaube ich, schon sagen (nun ja, sagen wir besser „Zweitbestes" – das klingt demütiger ...).

Aber formal bleibt eben nur formal – oberflächlich. Sodass es nach etwas aussieht, was es in Wirklichkeit lange noch nicht ist. Wie ein Glas Africola – bevor man es probiert hat. Heute werde ich das Gefühl nicht los, dass ich meine Sache tatsächlich alles andere als gut gemacht habe.

Jesus hat gesagt, ihr seid in der Welt, aber nicht von der Welt. Stimmt das? Sind wir tatsächlich noch *in* der Welt? Wann denn noch? Während des Studiums habe ich mit NIMMZWEI Konzerte gegeben, eine der Lobpreisbands unserer Gemeinde geleitet, war Hauskreisleiter, und bei jeder Veranstaltung dabei, die in der Gemeinde stattfand. Außerdem habe ich mir natürlich (wie könnte es anders sein) einen Studentenbibelkreis gesucht, der sich einmal die Woche an der Fakultät traf. Eigentlich habe ich mir die Welt dadurch doch immer gut vom Hals gehalten, oder? Genauso wie durch die christlichen T-Shirts und Aufkleber (die sogar einem blinden Bernhardiner klar gemacht hätten, wer hier der „Gute" und wer der „Böse" ist).

Das Resultat war, dass ich mit meinen Kommilitonen fast nur während der Vorlesungen und in der Mensa zusammensaß. Die Leute mochten mich, das war nicht das Problem. Ich hatte zwar einen Ruf als ein frommer, weltfremder Spinner, aber das hat eigentlich selten etwas zwischen uns gebracht. Im Grunde war ich sogar ein wenig stolz darauf. Sagte Jesus nicht, dass wir uns darüber freuen sollen, wenn uns die Menschen um seinetwillen für Spinner halten?

Heute denke ich, das ist Bullshit. Tatsächlich hielt ich bloß Stippvisiten *in* der Welt ab und habe mich die meiste Zeit in mein frommes Getto gekuschelt – und das Ganze auch noch als Hingabe ausgegeben. Viele Gemeinden sind sehr stolz auf all die vielen Dinge, die bei ihnen laufen. Ich halte das für fragwürdig. Es gibt wenige Christen, die ich kenne, die es schaffen, echte Freundschaften mit Nichtchristen zu haben. Den meisten geht es so wie mir. Sie verbringen ihre Freizeit in der Gemeinde und die Brotkrumen, die dabei übrig bleiben, werfen sie ihren Bekannten zum Fraß vor. Und dann wundern sie sich, dass es da niemanden gibt, der sich tiefgehend für sie und ihren Glauben interessiert.

Vielleicht hätte ich während meines Studiums etwas besser aufpassen sollen, als es darum ging, zu lernen, was ein sozialer Mensch ist.

Hexenjagd

Irgendwann Anfang '85

Offenbacher Stadthalle. U2 Live – und ich mittendrin!

Damals hatte U2 gerade ihren ersten größeren Hit „pride" und galten in der Christenheit als fromme Hoffnungsträger, die es schafften, im Hit-Himmel der säkularen Welt Fuß zu fassen. Das Konzert war klasse – eine Bombenshow. Allerdings war ein „god bless you!" am Schluss die einzige, christliche Ansage während des ganzen Programms. Ein bisschen wenig, dachte ich damals.

Einige Singleauskoppelungen später dann der Hit „I still haven´t found what I'm looking for". Ein Aufschrei ging durch die Christenheit. Immer wieder traf ich Leute, die diskutierten, ob der Sänger Bono nun „abgefallen" sei oder nicht. Ein U2-Interview mit kontroversen Aussagen des Sängers wurde hervorgeholt, die Songtexte akribisch studiert und jede Zeile, die fragwürdig erschien, unterstrichen. Hatte ich nicht auch schon beim Konzert dieses komische Gefühl gehabt? Jetzt hatte ich es schwarz auf weiß, bzw. direkt aus meinen Boxen: „Obwohl ich dies und jenes getan habe, habe ich immer noch nicht gefunden, wonach ich suche". Klare Sache, U2 sind ganz sicher keine Christen mehr - dachte ich damals.

Ich werde die Frage „ob" oder „ob nicht" an dieser Stelle nicht klären. Ganz sicher nicht! Denn ich schäme mich heute dafür, dass ich mich an dieser „Hexenjagd" beteiligt habe. Diese Art der Anmaßung, man könne sich aufgrund von ein paar abgedruckten Aussagen eines Menschen ein Bild von so etwas Vielschichtigem wie seinem geistlichen Zustand machen, widert mich inzwischen an. Wer ist dieser Bono von U2? Nur eine Schallplatte, die gefälligst auf Knopfdruck die richtigen Sätze ausspucken soll? Nur eine nützliche Puppe, um anderen zu zeigen, welche berühmten Menschen Christen sind? Nur eine Nummer im Buch des Lebens vor der ein *G* für *GERETTET* oder ein *NG* für *NICHT GERETTET* steht? Und wer bin ich? Kardinal Ratzinger? Der heilige Paulus? Oder lediglich ein kleiner Idiot (wie die beiden Erstgenannten in Wirklichkeit auch), der froh sein kann, dass der liebe Gott aus irgendeinem seltsamen Grund einen Narren an ihm gefressen hat und sich in seiner unendlichen Güte auf den Weg macht, ihn durch das Chaos seines Lebens zu begleiten ...

Ich kenne Christen, die Dinge tun, die andere als Sünde empfinden. Sind das deshalb keine echten Christen? Wer ist denn überhaupt ein *echter* Christ? Was muss er dafür tun? Hat die Reformation nicht den kostbaren Schatz ausgebuddelt, dass man nichts dafür tun, sondern nur etwas glauben muss? Aber was muss man glauben? Ich kenne wiederum Christen unterschiedlicher Couleur, die sich gegenseitig vorwerfen, etwas Falsches zu glauben. Wer entscheidet denn letztlich, ob die richtigen Dinge, die man geglaubt hat, ausgereicht haben, um einen zu retten? Trotz der falschen Dinge, von denen man blöderweise auch überzeugt war? Die Antwort ist jedem klar, der noch nicht gänzlich dem Größenwahn verfallen ist: Gott. Und zwar *nur* Gott!

Warum aber erwische ich mich und dich immer wieder dabei, wie wir ihm den Job klauen? Und es geht jetzt natürlich nicht mehr bloß um U2, sondern um jeden Gedanken dieser Art, ganz egal, ob es sich dabei um Klaus, Erna, Bill, Bono oder Johannes Paul handelt. Woher willst du zum Beispiel wissen, ob ich Christ bin? Und wenn du alle meine Kolumnen gelesen hast und alle meine CDs in deinem Schrank stehen – na und? Du kennst dadurch doch nur einen Staubkorn meines Lebens. Mehr nicht. Wie kannst du dir ein Urteil über mich bilden? Ich bin doch mehr als ein paar dogmatisch richtige oder falsche Sätze. Ich habe eine Geschichte, mit glorreichen und weniger glorreichen Akten, habe Geheimnisse, Gedanken, Gefühle, Sorgen, Gewissheiten und Ungewissheiten, von denen du nicht das Geringste weißt.

Ich wünsche mir, dass wir einander als Menschen begegnen, fernab aller Dogmatik. Um das „ob" oder „ob nicht" soll sich gefälligst der liebe Gott kümmern.

Olli ist tot ...

13. Februar 1998

Oliver ist tot. Dieser Satz sagt schon alles, und im Grunde sagt er eigentlich auch wiederum gar nichts.

Ich habe mich gerade von ihm verabschiedet. „Tschüss" und „Es tut mir Leid", habe ich leise gesagt, als ich vor dem kleinen Loch stand, in dem die Urne lag. Dann habe ich die Schippe genommen und Sand auf Oliver geworfen. Die Urne war schon nicht mehr zu sehen, so viele Leute hatten vor mir am Grab bereits das Gleiche getan. Es wird vielleicht allerhöchstens dreißig Sekunden meiner Zeit in Anspruch genommen haben. Dreißig Sekunden, dann kam schon wieder der Nächste, der sich verabschieden wollte.

Es war mir wirklich wichtig gewesen, mich direkt am Grab zu verabschieden. Sehr wichtig. Aber dreißig Sekunden waren einfach zu kurz. Ich hätte mindestens dreißig Minuten gebraucht. Dreißig Minuten für mich ganz allein. In denen ich vielleicht eine Abschiedsrede gehalten hätte, in denen ich geschrien, geweint und laut geflucht hätte. In denen ich gebetet und mich bei Gott beschwert hätte. Ich fühle in mir den absurden Drang, an das Loch in der Erde zu treten und Oliver anzubrüllen, er soll sofort wieder herauskommen – das kann noch nicht alles sein, was das Leben für ihn war.

„Tschüss" und „Es tut mir Leid" war alles, was ich ihm noch mit auf den Weg geben konnte.

Das Leben ist grausam und beschissen. Oliver Biber – 15.11. 1966 bis 14.01.1998 – einunddreißig Jahre alt. „Seine heimtückische Krankheit hat ihn aus unserer Mitte gerissen", stand in der Todesanzeige. Und „in unseren Herzen lebt er weiter". Einunddreißig. Einunddreißig beschissene Jahre. Seit er zwölf war, hatte er epileptische Anfälle und daran ist er letztlich nun auch gestorben. Er hat sich in die Badewanne gelegt, kriegt einen Anfall und ertrinkt. So einfach ist das. Scheiße.

Ich habe mit Olli Abi gemacht. In unserer Schulzeit waren wir relativ viel zusammen und einmal bekam ich auch einen seiner Anfälle mit. Wir standen abends im Foyer eines Kinos und ganz plötzlich ist er umgekippt. Er wand sich in grausamen Krämpfen, ruderte wie verrückt auf dem Boden herum und bekam kaum noch Luft. Es war furchtbar. Und nun ist er tot.

Der einzige Lichtblick bei der ganzen Angelegenheit heute (wie kann man so etwas nur „Angelegenheit" nennen?) war, dass ich meine alte Deutschlehrerin getroffen habe. In den letzten neun Jahren, seit ich mein Abi gemacht habe, sah ich sie nicht viel öfter als Oliver. Wahrscheinlich kann man es an zwei Händen abzählen, wie oft ich ihr und auch ihm in der Zwischenzeit begegnet bin. Aber sie hat, und das hatte sie schon während meiner Schulzeit und wird es wahrscheinlich immer haben, einen wichtigen Platz in meinem Herzen. Keine Ahnung, wie sie das geschafft hat ... (Ich weiß es natürlich schon, aber das ist an dieser Stelle wirklich nicht wichtig). Als ich heute sagte, dass ich es ungerecht finde, dass Olli schon nach Hause gehen musste, da sagte sie nur, dass Gottes Wege kein Warum kennen. Damit hat sie wohl Recht. Bitter Recht.

Aber befriedigen tut mich diese Antwort keineswegs.

Es ist ja auch keine Antwort.

Olli ist tot.

Olli ist tot.

Olli ist tot.

Endgültig.

Er war kein Christ. Zumindest nicht nach den Maßstäben, die unsere Wiedergeborenen-Fraktion anlegt. In unserer Schulzeit habe ich ihn öfter zu Veranstaltungen wie Gottesdienste, Evangelisationen und so was mitgenommen, aber für ihn war der Glaube, wie er mir vorschwebte, scheinbar nichts. Nach dem Abi haben wir uns dann relativ bald aus den Augen verloren. Das heißt, ich habe mich so gut wie gar nicht, eigentlich sogar wirklich gar nicht mehr bei ihm gemeldet. Ich muss wohl leider zugeben, dass er mich damals etwas genervt hat. Jetzt bin ich traurig darüber. Aber jetzt lässt es sich nicht mehr ändern.

Und die Frage der Fragen ist natürlich: Wo mag sich Oliver Biber nun befinden?

Das weiß nur Gott.

Heute, als ich am Grab stand, habe ich zum ersten Mal begriffen, wieso Katholiken für Tote beten. Ich hätte es am liebsten auch getan. Außerdem hätte ich am liebsten jede Stelle aus der Bibel gestrichen, die über Himmel und Hölle spricht. Ach was, verbrannt hätte ich sie gerne!

Der Tod ist beschissen und grausam. Und die ewige Unterscheidung zwischen gerettet und nicht gerettet auch. Das ist alles, was ich heute dazu sagen kann.

Tschüss, Olli.
Es tut mir Leid.
Jakob

OVER! And out?

10. Oktober 1998

Mein dreißigster Geburtstag – Schluck!

Für manche vielleicht unverständlich, aber dieses magische Datum hat mich immer schon beflügelt – ungefähr so wie die Aussicht, geviertelt zu werden.

30 werden, heißt erwachsen werden, heißt älter werden – ach was – heißt Gevatter Scheintot entgegen zu brausen, wie die Titanic auf ihrer Jungfernfahrt. 30 werden ist der Inbegriff von allem, was in der Formulierung „Reihenhaus-mit-Garten" steckt. Das erste Kapitel des Stephen-King-Schockers „Desperation" (Verzweiflung) – der reine Horror, der Anfang vom Ende (da nutzen auch keine blöden Sprüche wie „man ist nur so alt, wie man sich bla bla bla ...!"), kurz: das bittere Ende süßer, ewiger Jugend.

So habe ich es zumindest bisher immer gesehen (und meine Worte drücken nur einen Bruchteil von dem aus, was dieser stetig näher rückende Asteroid in mir ausgelöst hat, wenn er sich trotz geistlicher Kampfführung mal wieder nicht verdrängen ließ. Ehrlich! Fragt Volker – habe mir sogar einen hippen Ziegenbart wachsen lassen, um jünger auszusehen ...!). Aber ungefähr ein halbes Jahr vor dem unvermeidlichen „Deep Impact" konnte ich interessanterweise Frieden mit der magischen Zahl schließen. Und das kam so plötzlich, dass es für mich selbst mehr als überraschend war – inmitten einer Fernsehsendung.

Es begab sich also während „Boulevard Bio", dass der Engel des Herrn zu mir sprach ... Nein, ganz so aufregend war es leider nicht, hat aber trotzdem meine Albtraumvision einfach ausgeknipst wie ein Chanelhopping. Die Sendung hieß „Es ist noch kein Meister vom Himmel gefallen" und Bioleks Gäste waren ein Fußballstar, ein buddhistischer Mönch, eine Frau, die als Stuntman arbeitet, und Gildo Horn. Außer der Frau, die jene düstere Grenze noch nicht überschritten hatte, schienen alle anderen eindeutig „over" zu sein. Es ging übrigens mit keinem einzigen Wort um die große böse 30, sondern darum, dass jeder der Anwesenden berichten sollte, wie er zu einem „Meister" seines Fachs wurde.

Ich weiß gar nicht mehr, was die Einzelnen von sich gegeben haben, aber allen vieren konnte man abspüren, dass sie „das Ding" für ihr Leben gefunden hatten. Jeder auf seine Weise und vollkommen unterschiedlich, aber so, dass es mich faszinierte. Und zwar nicht im Eigentlichen, nicht darin, *was* sie tun (was soll mich der Beruf, hinter einem Ball her zu rennen, interessieren, der ich bereits den Weg vom Arbeitszimmer zur Kaffeemaschine als Leistungssport empfinde ...?), sondern vielmehr die Haltung, mit der sie es machen. Sie wirkten, als würden sie sagen: „Ich wurde geboren, um exakt das zu tun, was ich tue – aus keinem anderen Grund!"

Sicher, jetzt kann man darüber diskutieren, ob das möglich ist, da ja kein einziger Christ unter ihnen war (sogar noch schlimmer: Gildo Horn ...). Und wenn einer ein Abonnement für solch ein Leben besitzt, dann kann es doch wohl nur ein Christ sein, oder? Aber das ist genau der Punkt, der mich in diesem Augenblick so angesprochen hat. Da sitzen also diese „Heiden", die alle entweder „over" oder mindestens kurz davor sind und strahlen *trotz allem* so etwas wie einen ganz persönlichen Lebenssinn aus.

Das hat mich erst geärgert, dann fasziniert und schließlich motiviert. Und dann schoss mir eine verwegene Idee durchs Hirn: *Was wäre,* dachte ich, *wenn „Erwachsen werden" genau das bedeutet –* meinen *ureigenen Platz im Leben zu finden, um mich dann* dort *auszubreiten, so lange es geht?*

Seitdem habe ich Frieden mit der 30.

Der totale Beweis

7. Dezember 1998

Heute saß ich klönend mit Bekannten zusammen. Jemand aus unserer Runde erzählte von einem christlichen Ehepaar, das sich getrennt hat. Die meisten am Tisch kannten die beiden, oder vielmehr die drei, denn ein kleiner, vierjähriger Sohn war auch noch mit von der Partie. Nachdem sich die Eltern getrennt haben, ist natürlich der kleine Junge der Hauptleidtragende. Er vermisst seinen Vater, der seinerseits natürlich auch den Sohn vermisst. Die Mutter ist genervt, weil der Vater viel zu oft vor dem Haus auftaucht, um seinen kleinen Stöpsel zu sehen. Und der kleine Kerl blickt dann aus dem Fenster und weiß gar nicht mehr, wo ihm der Kopf steht. Draußen ist sein Papa, drinnen seine Mama, die beiden können aus irgendwelchen ihm unergründlichen Gründen nicht mehr miteinander, und er steht dazwischen, hat sie beide lieb und weiß überhaupt nicht mehr, an wen er sich halten soll. Das reine Chaos. Eine furchtbare Situation. Am Ende resümierte unsere Berichterstatterin: „Das ist doch der totale Beweis dafür, dass Gott Recht hat, wenn er sagt, Ehen sollen nicht geschieden werden ...!"

Zustimmendes Gemurmel am Tisch. Dann Themenwechsel – eine andere Geschichte, von anderen Leuten. Ich selber, einer der wenigen, der dieses Ehepaar nicht persönlich kannte, saß stumm dabei und dachte, ich müsse mich wohl verhört haben. Immer noch dröhnende Ohren vom „totalen Beweis dafür, dass Gott Recht hat ...!", als ob jemand meinen Kopf in eine Autohupe gesteckt hätte. Plötzlich schob sich ein grotesker Film vor mein inneres Auge – der Film einer christlichen Werbeshow, die diesen Satz auf die Spitze treiben würde: Ein lächelnder Talkmaster schiebt blitzende Armanischuhe zum Bühnenrand, schwingt von Gel triefendes Haar ins Rampenlicht und jubelt einer namenlosen Masse zu: „WOLLT IHR DEN TOTALEN BEWEIS …?“, worauf die Menge in frenetischen Applaus ausbricht, begeistert „JAAAAA“ und „HALLELUJAAAAA“ ruft und schließlich die Arme zum Himmel reckt. Der Organist stimmt „Oh, unfassbare Güte Gottes“ an. Dann Spotlight auf die hintere Bühnenhälfte. Man sieht einen Fensterrahmen, dahinter das Gesicht eines weinenden Jungen. „Das ist Jonas“, sagt der Talkmaster grinsend, holt den Jungen neben sich auf die Bühne, fasst ihn an der Hand. Und dann erzählt der christlich lächelnde Talkmaster mit den christlich blitzenden Schuhen und der sauberen Frisur den christlichen Zuhörern die Geschichte vom armen kleinen Jonas, der am Fenster steht und nicht weiß wo er hingehört, weil seine Eltern unbedingt beweisen mussten, dass Gottes Gebote wahr sind.

Bitter, nicht?

Blöderweise war ich mal wieder zu feige, um meinem Zorn direkt Luft zu machen, und schreibe nun stattdessen eine Kolumne. Aber was hätte ich auch sagen sollen? Mir fehlten die Worte. Ehrlich gesagt, fehlen sie mir immer noch. Das ist alles so dekadent oberflächlich. Um was geht es denn hier? Um drei Unbekannte in einer mathematischen Gleichung? Um einen bösen Mann und eine böse Frau, die unfähig sind, ihrem lieben Kind ein stabiles Zuhause zu liefern? Oder um eine furchtbare Situation, die sicherlich **keiner** der Beteiligten gewollt oder geplant hat, und die für **alle drei** eine der schrecklichsten Zeiten ihres Lebens darstellt? Was soll das Gerede von Beweisen? Wer so was für Beweiszwecke missbraucht, ist grausam. Der macht es sich so einfach: teilt die Welt in die, die es schaffen und in die, die den notwendigen Grund dafür herbeischaffen, dass man sich lieber anstrengen sollte. Und so lange man seine eigenen Haken noch an den richtigen Stellen machen kann, ist das zugegebenermaßen eine tolle Position. Bis man selber Fehler macht, von der Fahrbahn abkommt und ein paar Freunde bitter nötig hätte.

Momentaufnahme

23. Dezember 1998

Ich glaube, es geht einem Künstler nicht immer darum, mit seiner Kunst Erlebtes und Gefühltes widerzuspiegeln. Meistens verarbeitet man einfach gute Ideen. Aber diese „Momentaufnahmen-Momente" kennt trotzdem jeder unserer Zunft. Ob es einem dann allerdings gelingt, dieses Gefühl, diese Stimmung oder diesen einen entscheidenden Gedanken auch zu verewigen, ist eine vollkommen andere Frage.

Irgendwann rief Albert Frey mich an und fragte, ob NIMMZWEI nicht Lust hätte, auf einem Hip-Hop-Worship-Sampler ein paar Stücke beizusteuern. Die Idee sei, erzählte er mir, neue Formen von Lobpreis zu finden, und deshalb wolle er auf dieser CD verschiedene Acts aus dem Dunstkreis des deutschen christlichen Hip Hops auf ihre Art Praise & Worship darbieten lassen. Das Ganze würde dann unter dem Slogan „Anders Preisen" veröffentlicht werden. Die Idee gefiel mir auf Anhieb.

Sie wäre jedoch fast gescheitert, weil Volker durch sein Referendariat jede Minute für Unterrichtsvorbereitungen braucht, und mein Anerkennungsjahr die mir frei verfügbaren Stunden auch nicht an den Bäumen wachsen lässt. Wahrscheinlich ist nur deshalb was daraus geworden, weil der gute Albert nicht locker gelassen und Volker mir „erlaubt" hat, das Ganze auch ohne ihn zu machen. So wurde es zwar kein NIMMZWEI-Projekt – aber immerhin ... Aufgrund des zeitlichen Notstands konnte ich Albert nur einen frischen Song zusichern, und so haben wir noch ein Lied von ihm und eine neue Version unseres „Hip Hop Hurray's" aufgenommen.

Kommen wir also zu dem neuen Song – na ja, eigentlich ist nur der Text neu. Ich hab nämlich einfach das gemacht, was säkulare Rap-Acts tun: Ein tolles, bekanntes Lied nehmen, es mit neuem Groove unterlegen, den Refrain stehen lassen und einen eigenen Text dazu rappen. Trotzdem ist es für mich ein Lied, das in die anfangs beschriebene Kategorie passt. Die Geschichte dazu ist folgende:

Ich saß in einem Gottesdienst und hörte jemanden „Heart of Worship" von Matt Redmann singen. Und währenddessen hat mich der Song verzaubert. Gar nicht auf der Ebene, wie er eigentlich gemeint ist, sondern passend zu meiner Situation. Ich befand mich in einer jener düsteren „Lieber-Gott-ich-und-die-Welt-stehen-Kopf-und-du-lächelst-nur-müde-Stimmungen", die einen manchmal befallen. Und dann hörte ich dieses Lied und spürte, wie der Refrain meine Sehnsucht nach Jesus in Worte und Töne kleidete, so als ob ich ihn selber geschrieben hätte. Er verlieh meiner verletzten Sehnsucht Flügel. In diesem kurzen Moment wusste ich, dass ich diesen Song aufnehmen will, und zwar so, wie ich ihn singen würde. Also hab ich einen deutschen Text für die Strophen geschrieben, der zwar ein wenig in eine andere Richtung geht als der des Originaltitels, aber das ausdrückt, was ich in diesen Minuten empfand.

Am 23.12. bin ich zu Albert gefahren, um mit ihm die drei Stücke aufzunehmen. Und ich muss zugeben, dass ich abends mit etwas gemischten Gefühlen wieder nach Hause fuhr. Wie soll so etwas Vielschichtiges wie der beschriebene Moment auf eine kleine Scheibe passen, fragte ich mich plötzlich. Wurden wir meinen Gefühlen überhaupt gerecht? Fast den ganzen Tag hatte ich damit verbracht, die drei Titel zu rappen, und mir blieb nichts anderes übrig, als den größten Teil der musikalischen Aufbereitung in Alberts Händen ruhen zu lassen.

Jetzt hat er mir den fertigen Mix der Stücke geschickt, und er hat's genau getroffen. Keine Ahnung, ob irgendjemand sonst versteht, was mir das bedeutet, oder gar beim Hören auch so empfinden wird. Aber allein das Gefühl, solch einen tiefen

Moment einzufangen, ist für mich nachträglich das schönste Weihnachtsgeschenk, das mir Gott am 23. machen konnte.

Anmerkung

Für jeden, den diese Geschichte neugierig gemacht und der den 1999 veröffentlichten Sampler „Hip Hop Hooray" nicht in die Finger bekommen hat: Der Song „Ich sehn mich nach dir", um den es in dieser Kolumne ging, hat seinen Weg ebenfalls auf die im Jahr 2000 erschienene NIMMZWEI CD „intim 2000" gefunden.

Fordernde Floskeln

365. Januar 1998

Ooops, das könnte Ärger geben ...!

Normalerweise bin ich nur gespannt, wie die Leute auf meine Kolumne reagieren und dann oft erstaunt darüber, welche Diskussionen sie leserbriefmäßig auslöst. Aber dieses Mal bin ich fast sicher, dass ich ins „Fettnäpfchen" trete. Nun denn, sei's drum. Dieser Fettnapf sollte einmal betreten werden, finde ich. Also lieber Dauerleser, wenn ich dir schon immer suspekt war, dann wappne dich und pack besser die Bibel aus, vielleicht möchtest du nachher damit auf mich einprügeln ...

Im Grunde habe ich das gesamte letzte Jahr über diesem Thema gebrütet, sodass es mir schwer fällt, es mit einem bestimmten Tag in Zusammenhang zu bringen. Aber irgendwo muss man ja anfangen, also beginnen wir mit der Aussage eines amerikanischen Predigers, die ich in einem Gottesdienst hörte. Er sagte: „Wenn dein erster Gedanke nach dem Aufwachen morgens und dein letzter Gedanke vor dem Einschlafen abends nicht Jesus ist, dann frage ich mich ernsthaft, ob du wirklich errettet bist."

Lassen wir außen vor, was die pfiffigste Antwort darauf wäre (natürlich beruflich die Nachtschicht zu wählen!) – was er damit fragen wollte, ist klar: „Liebst du Jesus wirklich mehr als alles andere auf der Welt?" Ich blickte mich unter den Gottesdienstbesuchern um, die alle betreten zu Boden sahen und mir wurde bewusst, dass es 99 % von ihnen ging wie mir. Sie wussten angesichts dieser als Frage formulierten Aussage nicht, ob sie nun lieber lachen oder weinen sollten. Lachen – das Ganze als einen Witz auffassen – weil es so entfernt von ihrer alltäglichen Erfahrung war wie die Vorstellung, eines Tages auf dem Mond einen eigenen Schrebergarten zu besitzen; oder weinen, weil dieser

Satz die Summe aller tiefen Sehnsüchte (und Befürchtungen) ausdrückt, die sie mit sich herumschleppen, seit sie Christen geworden sind.

Ich bin lange Zeit auf solche Sätze hereingefallen. Fromm ausgedrückt könnte man sagen, sie haben mich angesprochen. Man konnte mich immer kriegen, wenn man meine Liebe zu Gott ordentlich hinterfragte. „Wie viel betest du?" – zu wenig. „Wie begeistert gibst du deinen Freunden Zeugnis?" – zu selten. „An wen denkst du am liebsten?" – äh, Pamela Anderson ...? usw. Ich kann nicht mehr zählen, auf wie vielen Veranstaltungen ich in den letzten 15 Jahren gewesen bin, auf denen mit solchen Fragen bewiesen wurde, dass ich tatsächlich eine innere Erweckung brauche. Oder mir wurde (das Gleiche in grün) mit tollen Storys über Christen, die irgendwo in der Welt Unglaubliches mit Gott erleben, gezeigt, dass mein Christsein ja nicht im Sinne des Erfinders sein könne, da es keine solche Abenteuer zu bieten hat. Das Problem hiermit war, dass ich immer wieder darauf angesprungen bin: mich darauf eingelassen, Buße getan, einen Neuanfang gemacht habe – immer wieder und wieder und wieder – geändert hat sich nichts. Mir wurde erzählt, nur Gott könne aus uns erweckte Christen machen. Da Gott aber anscheinend keine Anstalten zeigte, seinen Part in die Tat umzusetzen, müsse der Grund hierfür ja bei uns liegen. Also wurde noch ein Gebetsabend ins Leben gerufen, hielt der Pastor noch eine Bußpredigt, trottete ich zum hundertsten Mal beim Altarruf nach vorne wie das Schaf zur Schlachtbank. Das Einzige, was wuchs, war meine Verzweiflung. Auf zur nächsten Runde, Jakob, Bruder Verdammnis wartet schon auf dich. Der Hamster im Laufrad.

Das alles ist jetzt vorbei. Ich habe der, wie ich sie nenne, „Wir-wollen-mehr-Theologie" den Rücken gekehrt – sonst hätte ich meinen Glauben verloren. Meine wesentliche Erkenntnis des letzten Jahres ist, zu glauben, dass für uns Christen dasselbe gilt, was wir jedem Nichtchristen mit auf den Weg geben: Jesus hat uns erlöst, damit wir bei jedem Atemzug so zu ihm kommen können, wie wir sind.

Mehr brauche ich nicht!

Arbeitsgemeinschaft Kirche

17. März 1999

René, ein Freund von mir, hat mir heute folgende Geschichte erzählt: In der letzten Zeit sei er nur sporadisch bis nie zum Gottesdienst seiner Gemeinde gegangen, sagte er. Vorher war er etwa sechs Jahre lang ein engagiertes Mitglied gewesen. Nach einem halben Jahr Fehlen war die Resonanz der Gemeinde darauf mehr als traurig. Ein einziger Anruf von einem Mitglied seines Hauskreises und ein Brief der Sekretärin seines Pastors, die ihn darin zu einem Gespräch mit jenem einlud. Das waren die einzigen Lebenszeichen, die seine Gemeinde für ihn übrig hatte. In dieser Zeit machte er die obskure Erfahrung, dass er Sonntag für Sonntag morgens aufstand, die Zähne putzte, sein Deo auftrug, sich anzog für den wöchentlichen Gottesdienstbesuch und sich dann, als er bereits in der Tür stand, fragte, warum er dort eigentlich hingehen sollte? Was ihn mit diesen Menschen verbinden würde, denen er zwar gut genug war, um Gitarre zu spielen, die sich allerdings einen feuchten Dreck um ihn kümmerten, seitdem er nicht mehr „funktionierte" – mit einem Pastor, dem er nicht mal wichtig genug war, selber einen Brief zu schreiben oder einen Telefonhörer in die Hand zu nehmen? Und Woche für Woche habe er sich schließlich herumgedreht, seine Wohnungstür von innen geschlossen, die Sachen wieder ausgezogen und sich zurück ins Bett gelegt. Eine traurige Geschichte.

Worum geht es eigentlich in der Kirche? Um Gott. Falsche Antwort, Sechs, setzen! Es geht um Gott und seine Familie. „Ja, das ist doch klar", mag irgendwer antworten – aber solche Antworten sind mir suspekt, sie kommen mir zu sehr aus der Pistole geschossen. Wie eine richtig auswendig gelernte Vokabel, die trotzdem falsch konjugiert wird. Natürlich – frag die vierhundert

Mitglieder aus Renés Gemeinde, und ganz sicher werden dir 90 % diese richtige Antwort liefern.

Aber wenn ich seine Geschichte bedenke, scheint es trotzdem die falsche zu sein. Denn richtige Antworten sind nicht mehr als Worte, die aus Buchstaben bestehen. Sie sind nicht besser als der Begriff „Tür" oder „Teller" – aber sie tun so, als wären sie besser! Und **das** macht sie gefährlich. Die richtigen Antworten haben die Qualität, uns diese herrlich warmen Gefühle, wie untadelig zu sein oder auf der richtigen Seite zu stehen, zu vermitteln, die mit unserem echten Leben genauso viel zu tun haben können, als würde man Dolly Buster die Filmrolle der Heidi anbieten. Sie sind die christliche Droge, die unser Inneres fromm besänftigt. Der Rausch für den Lobpreistanz auf dem Vulkan.

Mir sind die Antworten inzwischen egal. Ich will nicht mehr danach beurteilt werden, ob ich irgendetwas richtig buchstabiere oder nicht. Was mich interessiert, ist, wie man miteinander umgeht und nicht, wie man darüber denkt.

Von einer großen Gemeinde in England habe ich gehört, dass sie ähnliche Schwierigkeiten hatte wie Renés christliche Arbeitsgemeinschaft (diese Bezeichnung scheint mir angebrachter als der Begriff Kirche). Als Reaktion darauf haben sie ein halbes Jahr lang alle Gottesdienste und Versammlungen der Gesamtgemeinde gestrichen und ihren Mitgliedern empfohlen, sich in den frei gewordenen Stunden miteinander zu treffen (und wenn man nur mal ausrechnet, was einer großen Gemeinde dabei an Kollekteneinnahmen flöten geht, dann kann man das schon ein Opfer nennen). Nach dieser Zeit sollen die Beziehungen unter den Gemeindemitgliedern spürbar an Warmherzigkeit und Freundschaft gewonnen haben. Das nenne ich mal eine Idee, die verändert und sich nicht mit der richtigen Antwort belügt.

In den Klauen des Drachen

24. Mai 1999

Mein Freund Mike lässt Drachen steigen. Nein, nein – nicht die kleinen Dinger, die Kinder an Seilen hochschicken (die sind ja puppig), sondern die großen, in die man selber steigt. Wenn man keine Berge hat, dann gibt es einen Motor betriebenen Drachen auf drei Rädern, der die Drachenflieger in die Luft zieht. So ein Trike ist ein Gefährt mit einem Propeller hinten dran und großen Flügeln aus Planen. Man sitzt darin wie auf einem Motorrad – ohne Kabine, ohne Boden, einfach auf dessen Sitz, frei in der Luft. Und auf dem Rücksitz dieses Dings, das aussieht wie eins der obskuren Fluggeräte in dem Film „Die tollkühnen Männer in ihren fliegenden Kisten", sitze nun auch ich hinter Mike und kralle mich auf dem Sitz fest.

Er fährt an – mir schwant Übles. Wir rasen über den Rasen, der Propeller knattert wie ein Schnellfeuergewehr, und ich wünsche mir nichts sehnlicher, als dass er anhält. Der Wind peitscht mir ins Gesicht, das Ding wird schneller, die Welt verschwimmt, und plötzlich verlieren wir tatsächlich Boden unter den Rädern. Irgendein Neandertalerrest in meiner Kleinhirnrinde war bis dahin überzeugt, dass dies nicht geschehen würde (Sagten sie fliegen? Hahaha, guter Witz – hab ich Flügel, oder was?). Meine Knie schlottern wie ein Stroposkop. Mike dreht sich lächelnd zu mir um und sagt: „Wir sind jetzt 400 Meter hoch." Sagte er 400 Meter? Oh mein Gott! Die Welt von hier oben ist atemberaubend, die Felder große, golden grüne Rechtecke, die Straße nur eine kleine, unendlich lange Spielzeugeisenbahn. Er zeigt immer noch lächelnd auf einen See, fuchtelt mit der Hand in der Luft, erklärt irgendwas. Ich sage „Super!", versuche begeistert zu klingen, aufmerksam – würde alles dafür tun, dass er nur wieder nach vorne sieht und seine Hand an das Gestell legt, mit dem dieser Wahnsinn gesteuert wird.

Auf einmal bete ich. Den ganzen langen Tag höchstens eine müde Erinnerung an den lieben Gott, nun fangen meine Gedanken von selbst an, zu ihm zu schreien. Das Flugdings wird von einer Böe erschüttert. Frage mich, ob ich wohl in den Himmel komme, falls wir abstürzen, bin mir auf einmal nicht mehr so sicher. Bitte um Vergebung für jede Sünde, die mir einfällt. Verdammt, mir fallen keine ein, habe viel zu viel Angst, um klar denken zu können. Egal, bete weiter, bekenne alles, selbst Dinge, die ich nicht begangen habe, man kann nie wissen. „Wenn Gott wollte, dass wir rauchen", habe ich einen Prediger mal sagen hören, „hätte er uns einen Schornstein auf den Kopf gesetzt." Und was, frage ich, hätte er uns gegeben, wenn er gewollt hätte, dass wir fliegen? Wie konnte ich nur diesen Inbegriff der Sünde besteigen?

Ich verspreche Gott das Blaue vom Himmel herunter, wenn er mich nur heil von jenem zurück auf die Erde bringt. Mike fuchtelt wieder in der Gegend herum – ist der Satan in ihn gefahren, um mich zu erledigen? Plötzlich fällt mir das Lied eines Bekannten ein, in dem er die Schönheit des Glaubens mit dem Fliegen vergleicht. Ein toller Song. „Wie ein Drachenflieger ...", singt er da. Sagte ich: toller Song? Ich möchte diesen Kerl mit auf dieses Höllenwerkzeug prügeln und ihn fragen, ob er immer noch Christ sein will, wenn er so einen Wahnsinn einmal tatsächlich mitgemacht hat.

Wir setzen auf, landen – es gibt einen Gott! Ich möchte heulen vor Glück, den Boden küssen, ins Kloster gehen – stattdessen mache ich mir Gedanken. Der Flug war zu keiner Zeit gefährlich, alle Dinge, die mir durch den Kopf rannten, nur unbegründete Angst. Das war mir die ganze Zeit klar gewesen, und trotzdem hatte mich nackte Panik in ihrer Klaue; hatte ich gebetet wie jemand, der noch nie etwas von Gottes Güte gehört hat. Was war das nur für ein Erlebnis? Wie kommt es, dass Glaubensgewissheiten so schnell verpuffen, bloß weil etwas eintritt, was man nicht unter Kontrolle hat?

Vom Scheinwerferlicht

10. Juli 1999

Der erste NIMMZWEI-Auftritt seit eineinhalb Jahren!

Um NIMMZWEI ist es im letzten Jahr ruhig gewesen. Ich weiß gar nicht, ob alle mitbekommen haben, dass wir bereits seit Januar '98 pausieren. Warum? Volker und ich kamen auf die absurde Idee, dass es ja irgendwann einmal aus sein könnte mit dem süßen Lotterleben als Star und dachten, dass es daher keine schlechte Idee sei, unsere bürgerlichen Berufe zum Abschluss zu bringen. Außerdem hatten wir zehn Jahre ohne größere Pausen Konzerte gegeben und wollten einfach mal durchatmen. Gesagt, getan. Und so ist Volker nun zugelassener Grund- und Hauptschullehrer und ich bin staatlich anerkannter Sozialpädagoge. Zurzeit sitzen wir gerade daran, unsere bürgerliche Existenz wieder über den Haufen zu werfen und erneut dem süßen Lotterleben als Star entgegenzufiebern. Wir schreiben Songs, arbeiten an einer neuen Show, werden im Herbst eine neue CD aufnehmen und ab Januar 2000 wieder live auf den Bühnen des Landes zu sehen sein (äh, so Gott will und wir leben – natürlich!).

Eine Zeitlang war ich mir gar nicht so sicher, ob ich überhaupt wieder zurück auf die Bühne kommen möchte. „Das süße Lotterleben" ist nämlich manchmal gar nicht so süß, sondern auch ganz schön anstrengend und einsam. Und gerade die Erwartungen, die einem als christlicher Künstler entgegengebracht werden, sind an vielen Tagen eine einzige Last. Da gibt es Stunden/Tage/Wochen/Monate/ ... in denen hat man das Gefühl, man hat nichts, was man irgendwem mitgeben könnte. Gar nichts. Da geistern einem Gedanken im Kopf herum, die einen auslachen, wenn man sein „Zeugnis" gibt und einen fragen, ob man noch mehr solch köstlicher Witze auf Lager hätte. Oder

Reibereien zwischen Volker und mir (die übrigens grundsätzlich an Volker liegen – betet für ihn!), Konkurrenzgefühle, gekränkte Eitelkeit, Leute, die nach dem Konzert schimpfen, es sei zu fromm gewesen und andere, die fragen, ob das eigentlich noch christlich sei, was wir tun (und in der Regel die Antwort gleich mitliefern). Das alles kann einem ganz schön zusetzen.

Das erste Jahr unserer Pause war dann auch tatsächlich ein echtes Durchatmen für mich. Ich habe es richtig genossen, nicht auf der Bühne zu stehen, nicht auf Knopfdruck geistlich sein zu müssen und einfach mal die Möglichkeit zu haben, mein eigenes, kleines Leben zu führen. Es war fast erschreckend festzustellen, dass ich die Konzerte kein bisschen vermisste. Und manchmal begann ich mich zu fragen, wie viel von dem Kerl, der in meinem Körper steckt und auf den Namen Jakob hört, eigentlich noch auf die Bühne zurückkehren will? Gleichzeitig hat diese Pause Volker und mir die Möglichkeit gegeben, unsere Freundschaft auf ganz neue Füße zu stellen, sie wieder vom „Job" loszueisen und NIMMZWEI-unabhängig zu machen. Und wow, das hat uns echt gut getan.

Dann kam 1999, und der Kerl in mir, der meinem Kopf den Auftrag gibt zu nicken, wenn jemand fragt, ob ich Jakob heiße, begann plötzlich zu maulen, wo den eigentlich die Scheinwerfer abgeblieben wären? Der Metall Matze, Frau Klöpke, der Rock'n Roll und vor allen Dingen der verdammte Applaus? Er täte sie, nun ja, vermissen, flüsterte er scheu. Aber als er nach einiger Zeit merkte, dass immer noch kein Scheinwerfer brannte, fing er an zu heulen und Zeter und Mordio zu schreien – Cold Turky pur. „Also gut, soll er seinen Willen kriegen", dachte ich.

Und so kam es, dass Volker und ich am 10.07.99 unser Comeback mit einem Schweizer Fernsehauftritt einläuteten. Das war ganz schön aufregend. Wir hatten echt Angst, dass es nicht mehr klappt. Dass wir nicht mehr lustig wären oder uns auf der Bühne plötzlich wie Fremde vorkommen. Kurz vor dem Auftritt beteten wir noch zusammen und vertrauten Jesus die Nervosität und den Rest unserer Zukunft an. Und dann ging's los. Was soll ich sagen, es hat funktioniert. Ich kann kaum noch erwarten, dass es Januar wird!

Urlaubsversager

30. August 1999

Montagmorgen. Bin gerade aus dem Urlaub gekommen. Eine Woche mit Julia, Volker und Eve am spanischen Strand in der Sonne fläzen und direkt danach noch eine weitere Woche mit Julia und meiner Mutter wandern in den Vogesen – welch ein Kontrastprogramm! Aber gut hat es getan.

Und nach einer durchsurften Nacht im WWW sitze ich jetzt vor meinem Bildschirm mit kleinen Augen und weiß, dass morgen meine Kolumne fällig ist. Spätestens. *Allerspätestens.*

Der Film der vergangenen 14 Tage rollt noch einmal ab, und ich erinnere mich an das Doppelkopfspielen, die Hitze, die guten Gespräche, die Suche nach den Reiseunterlagen, die Bergtouren über verlassene, enge Pfade, das gute französische Essen, den Wein ... Und irgendwann fällt mir auf, dass ich in meinem Urlaub mal wieder kaum gebetet habe.

Kennt ihr das? Bei mir ist das regelmäßig so. Ich fahre in die Ferien und irgendetwas in mir sagt: „So, lieber Gott, Dienst ist Dienst und Schnaps ist Schnaps – das siehst du doch ein, oder?" Inzwischen habe ich es aufgegeben, mir für den Urlaub besondere Gebetszeiten vorzunehmen. Nicht dass ich jemals so etwas Wahnwitziges tatsächlich geplant hätte, aber selbst wenn – es hätte nicht funktioniert. Der Urlaubs-Jakob ist absolut Stille-Zeit resistent – so viel habe ich inzwischen herausgefunden. Ist das schlimm?

Früher kam ich immer mit einem Bauch voller Verdammnisgefühle nach Hause. Die haben nicht sofort eingesetzt, natürlich nicht, erstmal genoss ich noch ein bis zwei Tage die verklingende Urlaubssonate, aber dann setzte sich ihr schepperndes Gejammer doch irgendwann durch. „Na?", zeterten sie spätestens, wenn ich mich wieder zum morgendlichen Gebet schleppte,

„Jetzt kommst du wieder angekrochen, was?" Und dann schein-heilig: „Wie war dein Urlaub denn so – *ohne* Gott?" Ja, ja, der gu-te alte Verdammnis-Jakob lässt sich solche Chancen selten ent-gehen. Und auch heute versucht er es wieder (und da ich so müde bin, stehen seine Chancen gar nicht mal schlecht). Meine Frau Julia hatte immerhin ein bis zwei Mal die Bibel in der Hand, was einen ja nun, streng genommen, auch nicht gerade an John Wessley erinnert, aber andererseits mein – nennen wir es mal – kleines Problem, auch nicht gerade niedlicher aussehen lässt.

Und trotzdem. Ich kenne, glaube ich, keinen, der mir bisher von güldenen Gebetszeiten am spanischen Urlaubsstrand er-zählt hätte (JmeM-Einsätze gelten nicht!). Genauso wenig wie ich viele kenne, die voller Inbrunst ihre Alltags-Stille-Zeit prei-sen und darüber reden, wie leicht es ihnen fallen würde, diese abzuhalten (nun ja, ein paar übergeschnappte Charismatiker vielleicht). Oder? Wie ist das bei euch? Mir scheint das Stille-Zeit-Problem tatsächlich etwas zu sein, was der Mehrzahl der Christen (nicht bloß im Urlaub) im Genick sitzt. Und ich werfe jetzt nicht mit Schlamm, um mir nicht ganz so schmutzig unter euch anderen Dreckspatzen vorzukommen (jedenfalls nicht nur), sondern weil ich mich frage, was hinter diesem ständigen Gefühl des Versagens steckt? Ist es das denn wert?

Ein Pastor hat mir mal vollkommen seelenruhig erzählt, er würde überhaupt keine Stille Zeit mehr machen, da er das zeit-lich nicht hinkriegen würde. Er sagte, er würde zwischendrin im-mer mal kurz mit Gott reden, und das würde ihm reichen. Das würde ihm reichen? Reichen??? Gebet kann *reichen*? Das klingt jedenfalls wesentlich entspannter als meine Vorstellung von der Sache. Aber vielleicht wäre es einen Versuch wert, das Gekramp-fe sein zu lassen und dann mit Gott zu sprechen, wenn einem auch tatsächlich danach ist. Oder meint ihr, die Folge davon wäre, dass man plötzlich gar nicht mehr mit ihm redet?

Gefunden

Herbst 1998

Der Herbst letztes Jahr war vielleicht die schwärzeste Zeit meines Lebens. Beinah hätte mein Glauben dran glauben müssen.

Ich stand im Gottesdienst und fühlte mich wie auf dem Mars. Um mich herum tanzte alles, freute sich, pries Gott, und ich fühlte mich elend und unverstanden; so allein. Wie einzementiert. Ich war sauer auf Gott, hatte das Gefühl, von ihm ausgenutzt worden zu sein. Schon seit geraumer Zeit war mir das Christentum suspekt geworden, in all seiner (und meiner) Borniertheit. Ich empfand so vieles als leere Phrase, mit der man bei der Stange gehalten wurde. Der Dogmatismus, die angekündigten Erweckungen (die pausenlos wieder verschoben werden), die Streitigkeiten um theologische Fürze. Mit ansehen zu müssen, wie Menschen verheizt werden. All die Sprüche, die sagen: „Wir sind eine Familie!" die gerade solange reichen, wie die Familienmitglieder ins Konzept passen, funktionieren, keine Fragen stellen oder sündigen. Mit ansehen zu müssen, wie Menschen aus pseudogeistlichen Gründen für dumm verkauft werden, dumm gehalten werden ... Und so weiter und so fort!

Ich hatte es so satt, war verwirrt, mein Kopf voller Fragen. Das blieb natürlich nicht unentdeckt. Manche Freunde begannen sich zu distanzieren – auch das noch! Ich war immer einer, der bei allem mitgemacht hat, jetzt war ich auf einmal ein Seelsorgefall. Ich konnte in ihren Augen Sorgen funkeln sehen, wenn ich meine Fragen stellte – aber meist wurde ich das Gefühl nicht los, dass ihre Sorge nicht mir galt. Sie hatten Angst, dass ich anderen Flausen in den Kopf setze oder davor, dass ihr eigenes Kartenhaus einfällt. Das Resultat war dasselbe: Distanz. Kaum einer machte sich Mühe, mich zu verstehen. War ich euch tatsächlich so wenig wert?

41

Meine Gebete waren längst nur noch Seufzer. Ich fühlte mich wie in der Wüste ausgesetzt. Verloren. Dachte immer wieder an die Geschichte, die Jesus erzählt, dass er das verlorene Schaf suchen geht. Und „Such mich gefälligst!" war lange Zeit auch das einzige Gebet, das über meine Lippen kam. Irgendjemand sagte: „Du musst Gott nur allezeit danken – Halleluja! – dann wird schon wieder alles gut!" Ich fragte mich, wie es wohl klingen würde, wenn er „Halleluja!" sagt, nachdem ich ihm die Zunge herausgerissen hätte? Ob er seinen Spruch dann immer noch vorbrächte? Hatte große Lust es auszuprobieren!

Wo war Gott? Hatte er mich verworfen? Hatte er einen blassen Schimmer, wie ich mich fühlte? Suchte er mich?

Es ist eine krasse Erfahrung, an den Punkt zu kommen, an dem man kein Christ mehr sein will. Aber Abfallen ging auch nicht. Hatte zuviel Angst vor der Hölle – ein lausiger Grund, schon klar, aber alles andere zerrann wie Staub zwischen meinen Fingern. Das Gefühl, nicht mit und nicht ohne Gott leben zu können, war das Schlimmste für mich. Ein Glück waren da auch Freunde, die zu mir standen und mich trugen. Und irgendwann schaffte ich es endlich, Pause zu machen, auszusteigen, die Kirche und Gott einen guten Mann sein zu lassen. Ich war mir fast sicher, dass nun das letzte Stündlein für meine Gottesbeziehung geschlagen hatte. Ich war gescheitert. Wenn überhaupt, bestanden meine Gebete aus wüsten Beschimpfungen.

Eines Morgens erwischte ich mich plötzlich bei einem dankbaren, beinah fröhlichen Gebet. *Nanu*, dachte ich, *warum bist du so nett zu Gott?* und fing wieder an zu motzen. Ein paar Tage später ertappte ich mich erneut. Es verwirrte mich, es war lange her, dass ich gerne an Gott gedacht hatte. Wieder meckerte ich weiter. Aber jene seltsame Freude an Jesus ließ nicht locker, schien von der Motzerei eigenartig unbeeindruckt und tauchte immer wieder aus mir hervor. Und irgendwann wusste ich, was geschah: *Er findet mich.*

Die meisten Fragen sind nicht beantwortet und meine Irritation darüber, wie man Glauben leben soll, ist unverändert. Aber Jesus hat mich gefunden, hat sich schließlich wie eine zarte kleine Pflanze durch den frommen Zement gebissen. Dieses Gefundensein, ist, glaube ich, die schönste Erfahrung, die ich jemals gemacht habe.

Lagerfeuer für Gestrandete

4. September 1999

In letzter Zeit laufen mir ständig gestrandete Christen über den Weg. Lauter Leute, die sich fragen, warum sie leben, wie sie leben. Oder gar, warum sie überhaupt noch glauben, was sie glauben. Denen ein großes Stück dessen, was einst selbstverständlich für sie war, zwischen den Fingern zerrinnt.

So auch an jenem Abend, auf einer Spätsommerparty bei Freunden im Garten, mit Lagerfeuer und allem Drum und Dran.

Je später es wurde, desto mehr zentrierte sich alles um die Feuerstelle, bis irgendwann eine bunt zusammengewürfelte Gruppe von vielleicht zehn Leuten übrig geblieben war, von denen die meisten einander nur flüchtig kannten. Ich muss zugeben, dass ich nicht der Typ bin, der sich unter unbekannten Gesichtern wohl fühlt (gehöre eher zu der „Gib-mir-'n-bisschen-Zeit-zum-Auftauen"-Variante) und wusste daher nicht recht, was ich von der Zusammensetzung halten sollte. Aber was dann geschah, war wirklich erstaunlich.

Irgendwie kam das Thema auf Glaubensabgründe und nach und nach rückte einer nach dem anderen heraus und erzählte von Fragen, die ihn beschäftigen, was ihn am Christentum nervt, an Gott, an der Bibel, am Gemeindeleben, was er nicht versteht, welche Zweifel ihn umtreiben, welche Abgründe sich in ihm auftun. Es war faszinierend – jeder hatte etwas dazu zu sagen, und ich fand es geradezu erstaunlich, dass eine so wahllos zusammengewürfelte Gruppe solch ähnliche Gefühle, Gedanken und Erlebnisse teilt.

Aber vor allem hat mich fasziniert, welch eine Ehrlichkeit, Offenheit und Warmherzigkeit auf einmal entstand. Wahrscheinlich lag es daran, dass keiner versuchte, die dogmatisch richtige

44

Lanze zu brechen, Antworten zu geben, Ordnung ins Chaos zu bringen. Anscheinend hatte keiner Bock dazu, sich geführt zu fühlen, die Dinge „gerade" zu rücken. Welch ein Segen! Die Abgründe wurden stattdessen einfach hingenommen und verstanden. Jeder Versuch, sie zu beantworten, wäre an dem Abend auch das falscheste Unternehmen gewesen, das jemand hätte gründen können. Von blöden Antworten hatten ja alle genug. Das Gefühl, verstanden zu werden, das Blitzen im Auge des Gegenübers, an dem du siehst, dass er weiß, wovon du redest, dass er deine Gefühle kennt, teilt, schien jedoch für einige eine völlig neue Erfahrung zu sein und sie mehr zu beschenken, als jeder gut gemeinte Ratschlag. Vielen stand auf einmal ein Ausrufezeichen im Gesicht: „Ich bin gar nicht alleine! Anderen geht's genauso!"

Das gibt mir immer noch zu denken. Könnte man so ein Lagerfeuer nicht auch in der Kirche anzünden? Warum haben solche Leute in der Gemeinde, wenn überhaupt, bloß einen Platz auf der „Looser-Bank"? Mir schien ihre Lebenserfahrung alles andere als wertlos zu sein.

Wie gesagt, in letzter Zeit bin ich einer Menge gestrandeter Christen begegnet. Und meistens klingen ihre Geschichten sehr ähnlich, ganz gleich aus welchem Gemeindehintergrund sie kommen. Manche von ihnen sind irgendwann abgefallen, haben das Christentum in all seinen skurrilen Spielarten nicht mehr ertragen oder konnten sich selbst nicht mehr darin finden, geschweige denn Gott. Andere fragen sich gerade, ob sie nicht besser abfallen sollten, wissen nicht, wie weiter machen oder stellen sich auf eine Existenz als frustrierter Christ ein.

Hat man ihnen mal zugehört, dann kann man nur sauer werden, wenn andere Christen über sie sagen, dass sie „... halt in Sünde gefallen" wären. Ich glaube, ich habe es bereits an anderer Stelle erwähnt (werde aber nicht müde es immer wieder zu tun): Solche Sprüche sind ein Leichtes, fährt man gerade selber auf der Gewinnerstraße – sie haben für mich jedoch nichts, aber auch gar nichts mit dem Jesus von Nazareth zu tun, den ich im neuen Testament auf jeder Seite voll Respekt mit all den Gestrandeten seiner Zeit umgehen sehe.

Mal danke sagen

17. Dezember 1999

Eine Woche vor Weihnachten. Ich sitze mit Volker zusammen, um für das neue NIMMZWEI-Programm zu arbeiten und frage ihn in einer der Pausen, ob er nicht eine Idee hat, worüber ich meine Kolumne schreiben könnte? Er macht ein paar Vorschläge, die allesamt gut klingen, mir zurzeit aber nicht viel sagen, da ich ganz und gar nicht die multitasking-fähige Sorte Mensch bin. Ich antworte deshalb: „Ich bin so auf die Vorbereitungen mit NIMMZWEI fixiert, dass ich an fast nichts anderes denken kann. Ich habe einfach keine tief greifenden Sätze anzubieten."

Volker: „Dann schreib doch über NIMMZWEI, wie gut alles zwischen uns läuft, wie toll die CD wird, das Programm ...!" In seinen Augen funkelt es verdächtig.

„Ich kann doch nicht schon wieder Schleichwerbung machen ...!", entgegne ich pflichtbewusst, aber meine Augen sagen wohl „schade eigentlich!", denn Volker grinst so breit wie ein Zirkuspferd. „Außerdem muss ich doch was schreiben, womit sich die Leser identifizieren können ..." Stocke kurz, folgere dann: „Es wäre ebenfalls nicht schlecht, mal wieder was Positives zu berichten. In meinen letzten Kolumnen hab ich so viel gemeckert ... Die Leute denken wahrscheinlich schon, ich bin kein Christ mehr. Wäre gut, wenn ich mal wieder von einem positiven Erlebnis mit Gott erzählen könnte!"

Volker lacht, sieht mich an, raunt: „Ist schon Scheiße, wenn man nichts erlebt, was ...?" Wir wiehern beide. Er überlegt eine Weile und sagt schließlich: „Dann schreib doch darüber, wie dankbar wir Gott sind, dass wir NIMMZWEI machen können, und an wie vielen Punkten wir seine Liebe und Hilfe erfahren konnten." Er grinst wieder. „Dann schlägst du zwei Fliegen mit einer Klappe ...!"

Ich will erneut protestieren und die Versuchung, Schleichwerbung zu platzieren, strikt von mir weisen (ich erwähnte
bereits an anderer Stelle, dass ich die geistliche Seite von NIMM-
ZWEI bin – das erwähnte ich doch, oder?), aber bevor ich noch
sagen kann, dass ich auf gar keinen Fall schreiben werde, dass
unsere neue CD „intim 2000" heißt und sicher das unglaublich-
ste Werk Musikgeschichte ist, das je aufgenommen wurde, muss
ich über den ersten Teil seines Vorschlags nachdenken.

Eigentlich hat er Recht. Wir können Gott tatsächlich für so
unendlich vieles dankbar sein (und sind es auch), dass es wirklich wert wäre, mal etwas darüber zu verfassen. Vieles mag nicht
spektakulär sein und nicht besonders rampenlichttauglich wirken – aber was im Leben ist das schon?

Eins steht fest: Die Bühne lügt immer – wirkliches Leben
findet nicht unter Scheinwerfern statt! Nirgendwo – in keinem
Konzertsaal, in keiner Kirche.

Ist nicht eine der schönsten Seiten an Jesus, dass er so pro-
fan ist? Dass er richtiger Mensch geworden ist? Mit Dreck unter
den Fingernägeln und allem Drum und Dran? Mir gefällt der Gedanke. Mir gefällt, dass unser Leben Gott so wichtig ist, dass er
es teilt und unterstützt.

Und dafür können wir Gott auch im Zusammenhang mit NIMM-
ZWEI dankbar sein. Volker und ich sind das 13. Jahr zusammen
unterwegs und verstehen uns besser denn je. Das ist für mich
Gottes Unterstützung. Es gab Punkte, an denen unsere Freundschaft hätte zerbrechen können, es aber nicht tat – Gottes Unterstützung.

Wir haben eine ganz ähnliche, geistliche Entwicklung gemacht – keineswegs eine Selbstverständlichkeit. Im Jahr 2000 stehen schon über 60 Konzerttermine fest, und nach zwei Jahren Pause sprudeln immer noch Songs, Gags und nachdenkliche Ideen aus
uns heraus wie Sturzbäche – auch so etwas ist für mich Gottes
Unterstützung. Für all das sind wir ihm wirklich dankbar.

Volker sieht mich immer noch an und wartet darauf, dass ich antworte. Schließlich sage ich: „Die Schleichwerbung kannste dir abschminken. So was mach ich nicht! Aber meinst du wirklich, dass man eine Kolumne darüber schreiben kann, dass man Gott dankbar ist ...?"

Der Gummimann ist zurück

2. Februar 2000

Komme gerade aus der Schweiz. Die zweite NIMMZWEI-Tour nach einer halben Ewigkeit liegt hinter mir. Bisher lief alles ziemlich gut. Volle Säle, gute Stimmung, das neue Programm rollt immer besser und auch die Stimmung im Team war echt klasse. So hab ich's gerne! Trotzdem, statt auf Wolke Sieben zu schweben, bin ich unsicher, nervös und (man kann's nicht anders sagen) missmutig. Ich kenne das schon. Dunkle Stimmungstiefs sind nach Konzertreisen neben Kinos meine Hauptaufenthaltsorte.

Zu Hause durchwühle ich verdrossen meine E-Mails, finde Statements von Konzertbesuchern der vergangenen Tour. Darunter sich überschlagende, euphorische Stimmen und, wie könnte es anders sein, Kritik. Auf einmal ist der Applaus vergessen, verklungen als Schatten einer Erinnerung irgendwo im hinteren Zipfel des Nirwana. Applaus? Bist du sicher, dass die Leute *dir* applaudiert haben? Hier hast du's schwarz auf weiß, dass sie euer neues Programm allenfalls für eine pseudogeistliche Nummernshow ohne Tiefgang und roten Faden halten. Das kleine schwarze Loch aus Selbstzweifeln, Sorgen und der Gewissheit, bloß Staub unterm Fingernagel der Zeit zu sein, begrüßt mich, wird größer, verspeist mich genüsslich als Dessert.

Nachts liege ich wach, grüble. Was bin ich nur für eine Flasche? Eben noch auf der Bühne, gefeiert, den Mund voller Lebensweisheiten, umlagert nach dem Konzert von Kids, die Autogramme wollen – und jetzt? Beleidigt wegen ein paar kritischer Zeilen – hallo Leute, Herr Gummimann ist zurück! Der Wunsch ein geistlicher Superstar zu sein oder doch wenigstens Popstar zu werden, streitet mit der Angst unterzugehen, nicht mehr anzukommen. Dem einen zu ungeistlich, dem anderen zu geistlich zu sein. Sehe vor meinen müden Augen eine absurde

Vision, wie ich eines Tages einsam im Altersheim verende, von jedermann verlacht. Wälze mich im Bett auf die andere Seite. Mir kommt ein Lied in den Sinn: „Du stehst zu mir, ob ich siege oder verlier. Du hältst mich fest, wenn's mich verlässt, Jesus dafür dank ich dir …!" Oh nein, auch das noch. Zehn Jahre hab ich den Refrain bei jedem Konzert munter gesungen, und jetzt überfällt er mich, wie ein Dieb in der Nacht und … tröstet mich … ein wenig. Muss zugeben, dass etwas Ermutigendes von dem Gedanken ausgeht, dass Gott zu einem hält. Gleichzeitig frage ich mich jedoch, ob ich das auch noch glauben werde, bin ich erst mal untergegangen. Komme zum Schluss, dass dies doch recht unwahrscheinlich ist, wenn Herr Gummimanns Beine schon nach einer erfolgreichen Tour bloß wegen etwas Kritik wegknicken. Was Jesus über so was wohl denkt? Ich muss die Oberflasche sein.

Irgendwie geht die Nacht rum und auch das Kinoprogramm des nächsten Tages. Abends gehen Julia und ich in einen Gottesdienst. Habe eigentlich keine Lust dazu, möchte lieber griesgrämig sein. Gehe trotzdem. Eine Frau redet darüber, dass ein Buchtitel sie besonders angesprochen hätte: „Gott liebt mich, also bin ich!" Während sie ihr Zeugnis gibt, kommt mir wieder der Refrain der letzten Nacht in den Kopf, „Du stehst zu mir, ob ich siege oder verlier …!" Sie sagt, dass Gott uns liebt, egal was wir tun, erreichen oder getan haben, dass er uns immer liebt, während der größten Siege und der schmerzlichsten Niederlagen, genauso, während wir sündigen, wie wenn der Himmel offen steht. Dass sich seine Liebe zu uns niemals verfärbt. Mein Gott, denke ich, Gedanken wie alte Bekannte. Bereits so oft gehört, dass man das Gefühl hat, man kennt sie in und auswendig. Aber dann überraschen sie einen trotzdem wieder. Und ich spüre, wie ich beginne aufzutauen.

Ketzertätowierungen

15. März 2000

Ich lief in der Stadt einem alten Bekannten in die Arme, keine einfache Begegnung. Während unserer Unterhaltung, die schnell den wie-geht's-dir-Strand verließ und in tiefere Gewässer schwamm, wurde mir wieder einmal deutlich, wie sehr ich mich in der vergangenen Zeit verändert habe. Wer meine Kolumnen die letzten viereinhalb Jahre aufmerksam verfolgt hat, wird diesen Umstand ebenfalls nur schwer leugnen. Auch meinem Bekannten war das nicht entgangen. Während das Gespräch recht locker begann, wurde es zunehmend verkrampfter, je weiter wir uns ins Wasser hinauswagten.

Mit verschränkten Armen stand er mir schließlich gegenüber, sah mich abschätzend an und versuchte mir klarzumachen, wie „schwierig" (er probierte angestrengt das Wort „falsch" zu umgehen) meine Entwicklung doch sei. Auch er hatte meine Kolumnen gelesen und regte sich darüber auf, dass ich bestimmte geistliche Strömungen öffentlich kritisiere und meine Fragen, Zweifel und mein eigenes geistliches Scheitern vor anderen ausbreite. Man solle ermutigen, meinte er, und nicht verunsichern. Als ich daraufhin erwiderte, dass sich aber doch auch irgendwer um die Wahrheit scheren müsse, wechselte er das Thema. Wo sei denn meine Freude im Herrn geblieben, fragte er und setzte damit stillschweigend voraus, dass sie nicht mehr vorhanden ist. Überhaupt merkte ich schnell, dass er glaubte, viel besser über mein Leben Bescheid zu wissen als ich. Interessant fand ich, dass das, was er von anderen über mich gehört hatte, wesentlich mehr Bedeutung für ihn hatte, als was ich selbst erzählte. Und noch interessanter, bzw. verletzender war, dass er sich überhaupt nicht wirklich für mich zu interessieren schien. Meine Argumente und Anfragen verhallten ungehört auf der Frankfurter Zeil. Er klopfte mich bloß ab, als ginge es um einen Einstellungstest. Als wir das Thema Bibelverständnis streiften und ich nicht bereit war, ein Null-acht-fünfzehn-Bekenntnis zu unterschreiben, sondern die Frage differenzierter diskutieren wollte, funkelte in seinen Augen endgültig der Wunsch, auf meine Stirn das Wort „Ketzer" zu tätowieren. Aber gleichzeitig schien er auch zufrieden zu sein. Die brennende Frage „Ist der Friedrichs noch – oder nicht?" war damit für ihn anscheinend beantwortet.

So verletzend solche Begegnungen sind, so einsam ich mich in ihnen fühle, so gut kann ich meinen Bekannten trotzdem verstehen. Niemand hört sich gerne Ansichten an, die einen verunsichern. Ich erinnere mich (und muss leider zugeben), dass ich vor einigen Jahren ganz ähnlich mit Leuten umgesprungen bin, deren geistliche Entwicklung ich nicht nachvollziehen konnte. Einige habe ich einfach fallen lassen, nur weil sie plötzlich nicht mehr gemeindekonform waren, andere habe auch ich mit jener kritischen Seelsorgebrille beäugt, in der das Feuer des Inquisitors brannte. Heute schäme ich mich dafür. Vielleicht muss man die Erfahrung erst selber machen, auf der Abschussliste zu stehen, um zu begreifen, wie verletzend solche Begegnungen sind. Außerdem kann ich schon verstehen, dass es schwierig ist, eine Entwicklung nachzuvollziehen, die man selber nicht macht, dass man Fragen gefährlich findet, die man nicht hat, nicht haben will oder glaubt, nicht haben zu dürfen.

Trotzdem bleibt mir schleierhaft, warum man zulässt, dass sich so was zwischen eine Freundschaft drängt. Könnte man sich nicht eigentlich über jede Anfrage freuen? Ist sie nicht auch eine willkommene Gelegenheit, die eigene Weltsicht einer Inspektion zu unterziehen? Und stimmt der Satz „was sich liebt, das neckt sich!", nicht immer noch genauso wie „zwei Doofe, ein Gedanke!"?

Auch wenn ich überzeugt bin, dass ich mich zum Positiven entwickelt habe, bleibt der Wunsch, von jedem so akzeptiert zu werden, wohl fromme Illusion. Wahrscheinlich kann man nicht erwarten, dass jeder „Hurra!" ruft, wenn man sich weiterentwickelt – und genauso wenig, dass er sich die Mühe macht, einen zu verstehen. Wenn man irritierte Blicke auf sich spürt, ist es manchmal nicht leicht, zu dem zu stehen, was man *gerade* ist – ich wünsche es mir trotzdem. Wir haben nur dieses eine Leben und sind darin nur die, die wir jetzt im Moment sind, ob das anderen passt oder nicht! Und auch auf die Gefahr, dass es wie fromme Abschlussglasur wirkt: Für mich ist es wie Weihnachten und Ostern am selben Tag, dass wenigstens Gott einen *immer* annimmt, wie man ist.

Mensch-Total

28. April 2000

Habe heute im Jugendgottesdienst meiner Gemeinde gepredigt. Stefan Raab war das Thema, denn in zwei Wochen ist Grand Prix d'Eurovision, wo er Deutschland vertreten wird. Wenn ihr diese Kolumne lest, wisst ihr schon, wie er abgeschnitten hat, für mich liegt das noch im Bereich des Prophetischen ... Der Grand Prix war allerdings nicht in erster Linie Thema, sondern seine Sendung TV-Total.

Ich muss zugeben, dass ich Raab eigentlich bewundere – aber um nicht wieder ins Sperrfeuer der Kritik derjenigen zu geraten, die meine Kolumnen immer nur so weit lesen, bis sie etwas finden, was ihnen nicht zusagt, mach ich besser gleich deutlich, dass er mir auch oft zu weit geht, in der Art wie er die Leute hochnimmt (eigentlich ist „hoch" auch der falsche Ausdruck – so wie er sich teilweise lustig macht, nimmt er Menschen nicht hoch, sondern zieht sie lediglich durch den Schmutz ...). Aber es gibt wohl trotzdem kaum jemanden in Deutschland, der die Alchimie soweit perfektioniert hat wie er. Er hat doch tatsächlich einen Weg gefunden, Scheiße in Gold zu verwandeln. Er drückt auf einen Knopf, lässt jemanden „Maschendrahtzaun" sagen und belegt wochenlang die vorderen Chartplätze (Alchimie eben: Scheiße in goldene Schallplatten verwandeln ...!). Und als Komiker kann ich nun nicht gerade behaupten, dass ich dem gänzlich ohne Bewunderung (Neid?!) zusehe.

In der Vorbereitung auf den Gottesdienst haben wir uns nun vorgestellt, wie es wäre, wenn Gott einmal pro Woche eine Mensch-Total-Sendung veranstalten würde. Moses wäre für Popcorn zuständig, Petrus würde Kistenweise Apostel-Pils ranschaffen und dann würden sich alle Engel um den Thron versammeln und mit „Pfui-Schildern" bewaffnet darauf warten, dass Gott die besten, menschlichen Aussetzer präsentiert. Mensch-Total eben: Gott zeigt dich dabei, wie du deiner Arbeitskollegin auf den Busen guckst und deswegen Kaffee über ein wichtiges Dokument schüttest (der Kaffee war schon der Riesenlacher, aber als die Engel auch noch den Zusammenhang zur Oberweite hören, kriegen sie sich nicht mehr ein. Und als du wegen der Sache gefeuert wirst, stoßen sie lachend an). Dann die nächste Szene: Tina auf Parkplatzsuche, mitten im Feierabendverkehr, bereits in der fünften Runde proklamierend, dass ihr Jesus einen Platz schenken wird – und Gott sagt augenzwinkernd zu den Jungs am Thron: „Mal sehen, was sie nach Runde sechs sagt ...!" Die Stimmung kocht. Als nächstes Andi vor der Klasse, der ein Gedicht aufsagen soll. Andi hat einen Sprachfehler und stottert wie ein Maschinengewehr, stirbt tausend Tode – die Klasse liegt am Boden, die Engel auch, Erzengel Gabriel haut Gott kumpelhaft auf die Schultern, äfft Andi nach, klopft sich selber auf die Schenkel, schüttelt sich vor Lachen ... Mann-o-Mann, die könnten einen Spaß da oben haben. Stell dir das mal vor – Gott kennt alle Geschichten, die du und ich am liebsten ungeschehen machen würden. ALLE. Welch nie versiegendes Gagpotenzial ...

Gott im Mensch-Total-Fieber – eine beängstigende Vision. Ich habe mich schon oft gefragt, was er gemacht hat, wenn ich mich blamiert habe? Ich war jener Andi, habe früher gestottert bis zum Abwinken, und wenn mich meine Klassenkameraden auslachten, tat ich, als würde ich es nicht merken. Aber wenn ich dann nach Hause kam, hab ich die Tür hinter mir zugemacht, geheult und mich so unendlich einsam gefühlt. Was meinst du? Hat Gott mitgelacht, wenn sie ihre Witze gerissen haben? Manchmal schien es mir fast so. Im Schmerz, den man empfindet, wenn man mit sich und dem Gelächter allein ist, wohnt die Frage nach dem „Warum?" – nach der Mittäterschaft Gottes – ja praktisch zur Untermiete. Und so ein Gefühl kann ganz schön halleluja-resistent sein, oder?

Dennoch, so fern er in solchen Augenblicken zu sein scheint, so verborgen, so passiv – Gott ist es nicht. Manchmal braucht man etwas Abstand, bis man das wieder glauben kann. Aber der Gott im Mensch-Total-Fieber handelt anders, als oben beschrieben. Er singt nicht hämisch grinsend „allways look on the bright side of life …!", sondern hängt an einem Kreuz und leidet, lässt sich selbst auslachen, reicht dir und mir darin die Hand. Wird Mensch-Total.

Geistliche Superhelden

12. Mai 2000

Ich habe heute etwas Seltsames erlebt. Während unseres Konzertes stelle ich plötzlich fest, dass in der ersten Reihe jemand sitzt, der mal sehr wichtig für mich war. Nein, nein, nicht die älteste Geschichte der Welt, nicht meine Ex-Freundin, sondern viel geistlicher – ein Pastor. Ich war nie Teil seiner Gemeinde, habe aber vor einigen Jahren haufenweise Predigtkassetten von ihm gehört, die mich in dieser Zeit sehr prägten. Man kann schon sagen, ich war damals ein Riesenfan. Aber auch, wenn ich ihn oft sprechen hörte und ihm sogar einmal die Hand schütteln durfte (!!), habe ich ihn nie persönlich kennen gelernt. Damals war er für mich so was wie ein geistlicher Superheld, jemand, der kapiert hat, wie das Leben mit Jesus läuft, und dessen Rezepte ich begierig befolgte.

Inzwischen habe ich die meisten seiner Gedanken hinter mir gelassen, mir eingestanden, dass mir seine Rezepte (trotz jahrelangem Verzehr) gar nicht wirklich schmecken, dass sie nicht zu mir passen, und (wenn ich ehrlich bin) bei mir nie funktioniert haben. Von daher verlor ich ihn in den letzten Jahren etwas aus den Augen und kann die Male, die ich an ihn gedacht habe, wahrscheinlich an einer Hand abzählen.

Aber heute sitzt er in der ersten Reihe unseres Konzerts. In der *ersten!* Nicht als Prediger, nicht als geistlicher Superstar, sondern als Vater, der seine Tochter zu NIMMZWEI begleitet. Und ich kriege ganz seltsame Gefühle, als ich es bemerke. Plötzlich sehe ich unser Programm mit seinen Augen (zumindest mit denen, die ich von ihm erwarte). Zucke jedes Mal zusammen, wenn Volker oder ich „Scheiße" sagen (was bei einigen Stellen des Programms unumgänglich ist), ärgere mich darüber, dass der geistliche Part erst so spät in unserer Show kommt, bemühe mich, meine inhaltliche Ansage so gut wie möglich – nein! – so christlich wie möglich zu machen. Frage mich die ganze Zeit, was er denkt, wie er uns findet, ob es ihm gefällt und ob wir ihm wohl fromm genug sind und, und, und … Und gleichzeitig lache ich mich innerlich halbtot über die Absurdität dieser Situation.

Denn eigentlich braucht mich, was er denkt, ja nicht mehr zu interessieren als alle gesammelten, umfallenden Reissäcke im fernen Osten. Weder ich kenne ihn, noch kennt er mich. Viele Aussagen, für die er steht, haben für mich nur noch wenig Bedeutung, andere finde ich sogar definitiv falsch. Also was soll's …? Aber ich drehe trotzdem innerlich am Rad und stelle mir alle diese Fragen, nur weil er bei einem Konzert von uns auftaucht. Ist doch merkwürdig, oder?

Vielleicht sitzt er sogar in Wirklichkeit da und denkt: *Ich würde auch mal gerne öffentlich Scheiße sagen …!* und ist am Ende neidisch auf uns. Wer weiß? Könnte ja sein … Und vielleicht ist er vielmehr der Vater seiner Tochter, als der geistliche Heavy, für den ich ihn halte. Ein ganz normaler Typ, mit Problemen wie du und ich.

Witzig ist, dass ich diese Erfahrung auch schon gemacht habe. Dass in anderen Köpfen wer weiß was für Vorstellungen von mir herumgeistern. Wenn ich Leuten begegne, die mich nur von der Bühne kennen, kann ich manchmal regelrecht spüren, dass sie ganz ähnliche Gedanken umtreiben. Dass sie mich für eine Art geistlichen Batman, für den Retter der Jugend halten. Und ich denke dann: *Wenn ihr wüsstet …! Wenn ihr wüsstet, wie lange ich schon nicht mehr in der Bibel gelesen, und wie wenig ich teilweise mit Gott zu bereden habe – wie stinknormal mein Leben die meiste Zeit ist.* Natürlich sag ich das dann nicht, sondern genieße still die geistliche Aura, die ich zu verströmen scheine.

Aber vielleicht geht das ja allen so. Zumindest hege ich manchmal diesen Verdacht. Und wahrscheinlich würde es keinem schaden, wenn das auch allen etwas klarer wäre. Vielleicht gibt es so etwas wie geistliche Superhelden überhaupt nicht, vielleicht gibt es nur verschiedene Menschen – dich und mich.

.

Brief an einen lieben Freund

6 Uhr morgens

Es war gestern ein wirklich schöner Abend. Du bist ein sehr inspirierender Mensch, und ich bin stolz darauf, dein Freund zu sein. Aber etwas hat mir im Magen gelegen. Ich konnte es die ganze Zeit nicht richtig benennen, und als ich eben nicht mehr schlafen konnte, wurde mir klar, was es war. Es ist für mich kein leichter Einwand. Denn erstens hasse ich es, andere zu kritisieren (zumindest wenn sie dabei zuhören), und zweitens ist es auch hier so, wie so oft: wenn man mit dem Finger auf jemanden zeigt, dass die drei anderen Finger der eigenen Hand auf einen selbst gerichtet sind. Verzeih mir, wenn ich dich auf einen Splitter in deinem Auge aufmerksam mache, den ich vielleicht selbst voll Genuss mit mir herumtrage.

Kurz und schmerzlos: Du hast mir gestern Abend zu viel gepredigt. Ich weiß, du hast immer wieder betont, dass du nicht als Leiter zu mir sprichst, sondern als Freund. Ich weiß aber nicht, ob ich dir das so ohne weiteres abnehme. Weißt du, was ich brauche? Sicher nicht Antworten auf Fragen, die ich nicht gestellt habe. Es stört mich, dass ich das Gefühl nicht loswerde, dass du ein Ziel hast, wenn wir uns treffen. Vielleicht ein nebulöses oder vielleicht sogar ein konkret im Gebet empfangenes. Wie auch immer, ob so oder so – es passt mir nicht.

Ich möchte das Gefühl haben, Fragen stellen zu können, ohne die Antworten gleich serviert zu bekommen. Ich hätte so gerne das Gefühl, dass wir gemeinsam auf einem Weg gehen, ohne dass dir das Ziel bereits klar ist. Mir ist dieses Ziel zurzeit nämlich eher unklar. Aber ein unklares Ziel, so scheint mir, ist eines der Dinge, für die in unseren Gemeinden nur wenig Platz ist. Aus seelsorgerlicher Perspektive kann ich das durchaus verstehen. Aber erstens möchte ich kein Seelsorgefall sein, sondern dein Freund, und zweitens erscheint mir das nicht besonders realitätsnah. Das Leben gleicht doch oft eher einem Blind-Date. Einer Reise mit Unbekannten, ohne Fahnen auf der Landkarte. Meines zumindest. Und ehrlich gesagt möchte ich zurzeit keine Seelsorge. Ich möchte lieber mein Leben mit dir teilen.

Letzten Freitag hatten wir das, was ich meine. Reine Freundschaft. Und das, obwohl du mich sogar schärfer hinterfragt hast, als gestern. Was war da anders? Du hast nicht gepredigt. Du hast Fragen gestellt, sogar sehr unangenehme, aber ich hatte nicht das Gefühl, dass du mich von A nach B befördern willst. Ich hatte mehr das Gefühl, dass du Anteil an meinem Leben, an meinen Fragen nimmst, ohne gleich Antworten mitzuliefern. Ich habe so viele Predigten in meinem Leben gehört. Mein Kopf ist voll davon. Und augenblicklich hab ich einfach keine Lust mehr darauf. Der Unterschied zwischen einer Predigt, die man jemandem hält, und einer Frage, die man jemandem stellt, ist gar nicht mal die Antwort. Die kann in beiden Fällen sogar gleich ausfallen. Der Unterschied ist, dass sie einem in der Predigt fertig serviert wird, während man bei der Frage selber entscheiden kann, welche Antwort einem plausibel ist. Man ist eben selbst gefragt.

Versteh mich nicht falsch, ich will unsere Freundschaft nicht zu 'ner Stammtischbeziehung degradieren. Das ja gerade nicht. Ich will dir auch nicht verbieten zu hinterfragen oder zu beraten. Gott bewahre. Ich möchte nur das Gefühl haben, dass wir in erster Linie Freunde sind und nicht Antworten-Sucher auf einem von dir abgesteckten Terrain. Nochmal: Heißt Freundschaft nicht Leben teilen? Der Mensch lebt doch auch nicht nur vom Wort Gottes allein, sondern genauso vom Brot – oder? Von Kunst, von belanglosen Unterhaltungen, von Bier, von schmutzigen Witzen, von Kino usw. Und das Wort muss Fleisch werden, bevor man es verdauen kann.

Ich hoffe, du verstehst, was ich meine.

Heer der Ausgesaugten

6. Juli 2000

Ich treffe ständig auf Christen, die sich aus ihrer Gemeinde zurückziehen. Woran das liegt, weiß ich auch nicht so genau. Vielleicht daran, dass ich für diese Geschichten hellhöriger geworden bin. Und wenn ich das an dieser Stelle immer mal wieder thematisiere, dann deswegen, weil es mich augenblicklich wie kaum etwas anderes beschäftigt.

Heute saßen meine Frau und ich bei einem guten Freund, der lange Zeit sehr aktiv in seiner Gemeinde mitgearbeitet hat (man könnte schon sagen, dass er sich den A... aufriss). Er war sogar über ein Jahr vollzeitig von der Gemeinde angestellt, hat Seminare und Lobpreis geleitet und sich um bestimmte administrative Sachen gekümmert. Und nun geht er seit fast einem dreiviertel Jahr nicht mehr dorthin, geht in gar keine Gemeinde mehr, weil er die Schnauze voll hat, wie er es ausdrückt. Und bei der Geschichte, die er mir erzählt, wundert mich das nicht. Ich möchte ihm beinah zurufen: „Stimmt, Junge, lass nur die Finger davon!" – wenn ich nicht wüsste, dass das eine theologische Verwerflichkeit wäre ...

Ironie beiseite. Seine Geschichte ähnelt der, die ich inzwischen zigfach zu hören bekommen habe. Er hat sich begeistert eingebracht, hat Opfer auf sich genommen. Glauben, Zeit und Enthusiasmus investiert, und am Schluss stand er alleine da. Um es böse auszudrücken: Er wurde ausgesaugt wie eine reife Frucht. Man hat sich über sein Engagement gefreut, hat ihm diesen und jenen Job verpasst, alle sahen sich an und waren sich einig, dass das ein wirklich toller Christ ist. Und am Schluss, als er leer gesaugt war, und es nichts mehr zu holen gab, als er unbequem wurde und Freunde gebraucht hätte, blieb er allein. Vielleicht etwas böse formuliert, aber nicht besonders übertrieben.

Auf jeden Fall schildert das in etwa seine enttäuschten Gefühle.

Sicher, jede Münze hat zwei Seiten. Keine Frage. Und ich kann nun nicht behaupten, dass ich die andere Seite in diesem Fall besonders gut kenne. Allerdings ist sie für diese Kolumne auch nicht ausdrücklich notwendig (hat jemand schon mal gelesen, dass Jesus versucht hätte, sich ein objektives Bild zu machen – als sie die Ehebrecherin zu ihm geschleppt haben, als er Zachäus vom Baum rief, oder als die so genannte Sünderin ihm mit ihren Tränen die Füße wusch ...?!). Wie gesagt, die Geschichte meines Freundes ist definitiv *kein* Einzelfall. Wenn ich bedenke, wie viel Enttäuschung und Verletzung mir inzwischen begegnet ist, wie viele sich von den Verantwortlichen ihrer Gemeinde missbraucht fühlen und nicht wissen, wohin sie mit all diesen Gefühlen sollen, dann frage ich mich, ob der Heil bringende Arm der Gemeinde dem Zerstörerischen das Wasser reichen kann?

Harter Tobak, ich weiß. Aber es sollte mal gefragt werden, finde ich. Denn was bei all diesen Schicksalen immer wieder auftaucht, ist das Gefühl, nach einer entsprechenden Wende zur Unperson geworden zu sein. So bejubelt man vorher war, so sehr wird einem plötzlich mit Achselzucken oder sogar Distanz begegnet. Und was mir gegenüber immer wieder geäußert wurde, war die Fassungslosigkeit, auf einmal nicht mehr von Interesse zu sein. Die Gemeinde macht einfach weiter, fährt ihre Programme, ob mit oder ohne einem. Das Scheitern wird einfach hingenommen, und kaum einer macht sich die Mühe zu hören, was die Gescheiterten der Gemeinde und deren Verantwortlichen zu sagen hätten. Will das denn keiner hören? Will etwa niemand aus Fehlern lernen, aus Schaden klug werden?

Spinn ich jetzt? Habe ich in letzter Zeit einfach nur zu viele von diesen Geschichten gehört, oder gibt es wirklich dieses Heer von Frustrierten, die entweder nicht mehr hingehen, ihre

Gemeinde gewechselt oder sich in die letzte Reihe verkrochen haben? Wenn ich nicht spinne, sollte vielleicht mal jemand eine Internetseite einrichten, wo solche Leute ihre Geschichte erzählen können. Und ich frage an dieser Stelle: Was hättet ihr den Gemeinden zu sagen?

Goldtalerregen

10. September 2000

Nach dem Konzert kommt ein Mädchen zu mir und fragt mich, ob ich manchmal zweifle. In meiner Birne ratterte es (wie meistens, wenn man mir kurze Fragen stellt, auf die ich mit einem Vortrag antworten könnte). Zweifeln – woran? An Gott, an der Bibel, an mir, an meinen Fähigkeiten, meiner Ehe, meiner Kirche, der Kirche schlechthin, am gesunden Menschenverstand (Gottes? Meiner Wenigkeit? Oder im Allgemeinen?)?

Und mir fällt auf, dass ich wohl die Art von Mensch bin, die so ziemlich an allem zweifelt, was sich nur irgendwie anzweifeln lässt. Ich gebe zu, dass ich die Menschen beneide, die diese Gabe nicht besitzen. Die Sonnenscheine, deren Leben nicht glatter läuft als meins, die sich aber durch nichts aus der Ruhe bringen lassen. Manchmal verachte ich diese Leute auch, das will ich nicht verhehlen. Meist dann, wenn ich das Gefühl nicht los werde, dass ich der Einzige bin, der nicht aufhören kann, den Dingen auf den Grund zu gehen und diese Menschen immer noch so selig lächeln, als sei der Nikolaus ihr bester Freund. Und äh, was soll das überhaupt heißen: *„Manchmal"*? Hat jemand ein Wörterbuch? Glaube kaum, dass ich den Begriff in diesem Zusammenhang kenne.

Descartes hat gesagt: „Ich zweifle, also bin ich." Und ich kann nicht behaupten, dass ich nicht wüsste, was er damit meint ... Ach ja, ich wollte ja die Frage beantworten.

Also sehe ich das Mädchen an, verkneife mir meinen kleinen Vortrag und sage etwas mürrisch: „Manchmal glaube ich, mein zweiter Vorname ist Zweifel – und mein Nachname Descartes!" Sie hat noch nie von dem Philosophen gehört, das sehe ich ihrem Gesicht an, aber den ersten Teil meiner Antwort versteht sie sehr wohl. Und der zaubert ein Lächeln auf ihre Lippen – anscheinend fühlt sie sich in guter Gesellschaft. Wir reden weiter und schließlich sprudeln ihre Zweifel aus ihr heraus wie die Goldtaler aus dem Geldspeicher von Onkel Dagobert. Und während sie erzählt, wird mir bewusst, dass ihre Zweifel genau das sind: Goldtaler!

Das weit verbreitete, dumme Gerücht, Zweifel seien Angriffe Satans, hat dazu geführt, dass viele Menschen ihre Zweifel herunterschlucken oder verbergen, bis es irgendwann nicht mehr geht und der Geldspeicher platzt (denn wovon das Herz voll ist, davon fließt der Mund über – früher oder später immer!). Und dann werden aus wertvollen Talern plötzlich unberechenbare Geschosse, und alle wundern sich, wo auf einmal die geballte Ladung Kritik herkommt. Oft sind andere Christen davon irritiert, reagieren mit Unverständnis oder zahlen mit gleicher Münze heim und verkennen damit die Situation. Denn natürlich sind Goldtaler immer noch wertvolle Stücke, auch wenn sie einem um die Ohren fliegen. Nach meiner Erfahrung (auch mit meinen eigenen Zweifeln) lohnt es sich, den Kopf einzuziehen, die erste Explosion abzuwarten und dann gemeinsam die Geschosse aufzusammeln. Wenn man sie sich in Ruhe betrachtet (und vielleicht ein wenig poliert), sieht man das Gold unter dem Ruß deutlich glänzen.

Denn ernste Zweifel kommen nicht aus dem luftleeren Raum, als Einflüsterung bösartiger Mächte. Sie kommen aus dir oder aus deinem Gegenüber und sind nichts anderes als berechtigte Fragen – ein Ringen um Wahrheit und Authentizität. Deswegen sind sie vor allem ein großes Stück ehrliches Du. Und für Du's hat der liebe Gott ein Faible (auch wenn die Kirche manchmal tut, als ginge es ihm nur um den Haken an der richtigen Stelle des Glaubensformulars). Gott hat keine Angst vor Zweifeln und noch weniger vor dir. Weshalb sollten wir sie haben? Außerdem sind Zweifel keineswegs so destruktiv wie ihr Ruf. Den Dienst Jesu zum Beispiel könnte man ohne weiteres als riesigen Zweifel am religiösen System seiner Zeit beschreiben.

Das Mädchen sieht mich an, und ich merke, dass sie meine Worte aufsaugt wie ein trockener Schwamm. Oft hat sie so was wohl noch nicht gehört. Und wieder einmal stelle ich fest, dass es einem Zweifler oft nicht in erster Linie an Antworten mangelt, sondern an Verständnis.

Nagendes Reptil

10. September 2000

In der letzten Ausgabe habe ich versucht, Zweifel zu rehabilitieren und habe sie mit Goldtalern verglichen, die einen wertvollen Teil der Persönlichkeit des Zweifelnden offenbaren. Ich halte Zweifel nicht für verdammungswürdig, sondern sogar für eine äußerst wichtige Eigenschaft des Menschen. Ist sie doch stets darauf bedacht, den Dingen auf den Grund zu gehen, Wahrheit zu suchen, Authentisches von Unauthentischem zu unterscheiden. Was soll daran schlecht sein?

Aber natürlich ist man keine Maschine, kein Computer, der kalt Einsen und Nullen durchzählt, bis er irgendeinen Fehler entdeckt und Alarm schlägt. Wir sind Menschen und Zweifel bringen uns durcheinander. Sie kratzen an unserer Welt, an unserem Glauben, an unserer Sicherheit. Dabei können sie einen ganz schön nerven. Und gerade im Glauben an Gott scheinen Zweifel eine lästige Angelegenheit zu sein. Trotzdem, ich bleibe dabei: Den Zweifel zu verteufeln bringt nichts! Ihn auszutreiben noch weniger.

Aus irgendeinem Grund (sei es Berufung, Gene, Erziehung oder ein Sturz aus dem Kinderwagen – wer kann schon sagen, warum man ist, wie man ist?) gehört das Zweifeln zu meinem Tagewerk wie die Hitze zum Kochen. Daran ist nichts zu ändern. Und wie gehst du nun damit um? – höre ich wieder das Mädchen fragen, von der ich in der letzten Kolumne erzählt habe. Zuallererst stehe ich zu meinen Zweifeln, betrachte sie als Weggefährten und nicht als Dämonen. Dann teile ich sie mit Freunden, suche nach Antworten, versuche so viel für mich wie möglich aus den Zweifeln herauszuholen und justiere mein Leben neu, wenn mich ein Zweifel überzeugt. Zwischendrin freue ich mich darüber, dass ich zweifeln darf. Na ja, will ehrlich sein, genauso oft ärgere ich mich auch darüber, dass mein Gehirn nicht einfach auch mal stillhalten kann. Um ganz ehrlich zu sein, kann ich über manche Zweifel auch ganz schön verzweifeln. Gerade wenn ich müde bin, etwas Enttäuschendes erlebt habe oder mich minderwertig fühle, können sie mich überrollen wie ein alter Laster.

Außerdem gehe ich mit meinen Zweifeln zu Jesus. Ich muss nun zugeben, dass ich selten die Erfahrung mache, dass ein Gebet Klärung bringt oder gar einen Zweifel beantwortet – leider verhält sich Gott mir gegenüber nicht wie die Brockhaus-Enzyklopädie. Aber wenn ich an Jesus denke, denke ich meistens daran, wie er am Kreuz hängt. Und dann fühle ich mich ihm nahe. Dort war er allein, mit sich selbst, dem Schmerz und seinen Fragen. Er wollte wissen, warum Gott ihn verlassen hat und bekam keine Antwort – der Himmel schwieg wie eine bleierne, dunkle Wand. Und warum? Wegen dir und mir! Weil es zum Leben gehört, dass Fragen unbeantwortet bleiben, dass der Himmel schweigt und der Zweifel weiter nagt wie ein hungriges Reptil. Gott will nicht auf einem Thron enden, er will ein Selenverwandter sein. Seine Antwort auf unsere Fragen und Zweifel besteht nicht aus klugen Sätzen, logischen Argumentationen und spitzfindigen Dogmen. Gottes Antwort ist der Mann am Kreuz – seine Identifikation mit uns, seine Solidarität. Nähe. Nicht nur, um dich einmal zu retten, sondern um dich jeden Tag zu retten, um dir nahe zu sein, auch wenn du ihm nicht nahe bist, um dir seine Liebe zu schenken, sogar wenn du kein offenes Herz dafür hast. Ich weiß auch nicht, ich kann so ziemlich alles anzweifeln, aber Jesus am Kreuz findet mich immer wieder. Wenn ich an ihn denke, finde ich Ruhe und Verständnis mitten im Zweifel.

„Wahrheit ist Begegnung!" soll Martin Buber mal gesagt haben. Und ehrlich gesagt halte ich das für einen der klügsten Sätze der Menschengeschichte. So sehr meine Zweifel nach Antwort schreien, als Erstes sehnen sie sich doch nach einem Seelenverwandten. Nach einer Begegnung mit Gott und nach einer Begegnung mit dir.

Nachterlebnis

4. Januar 2001

Jeder, der schon mal mit NIMZWEI auf Tour war, weiß, dass ich unruhig werde, sobald es nach dem Konzert um die Zimmerverteilung geht. Der Grund ist einfach: Ich brauche es dunkel, leise und eine einigermaßen feste Matratze, sonst wird es für mich eine kurze Nacht. Sie nennen mich schon den Schlafneurotiker – und das wohl zu Recht. Natürlich schlafe ich zu Hause am besten, aber auch hier bleiben dem lieben Gott oft nur wenige Stunden, will er „es dem Seinen im Schlaf geben".

Heute war mal wieder so ein Tag. Kein Konzert, nur ein stinknormaler Donnerstagabend zu Hause. Aber je später es wurde, umso sicherer wurde ich, dass an Schlaf nicht zu denken sein würde (beziehungsweise „zu denken" schon – jeder, der mein Faible für Schlafstörungen teilt, wird wissen, dass man an so gut wie nichts anderes denkt, während man sich durch die Laken wälzt). Also ging ich spazieren, denn laut meiner Frau soll das eine unglaublich beruhigende Wirkung haben. Außerdem dachte ich, dass der Herr vielleicht nicht immer nur im Schlaf austeilen möchte, sondern ab und zu auch gepflegter Konversation offen gegenüber stehen könnte.

Als ich aus der Tür trat, fiel mir auf, dass ich solche Gebetsspaziergänge früher wesentlich öfter gemacht habe und war gespannt, was mich auf diesem erwarten würde. Eine Vision vielleicht, oder das Wort des Herrn. Antworten auf ein paar Fragen, die ich mit mir herumtrage. Eine tief bewegende Begegnung mit dem Auferstandenen. Weisung, Offenbarung, ein brennender Busch! Vielleicht sogar eine Totenauferstehung – man kann ja nie wissen!

Von alldem ist nichts passiert. Ich ging eine Dreiviertelstunde in Frankfurt-Rödelheim an der Nidda spazieren, erzählte dem

Herrn dies und das und lies auch jenes nicht aus, kam wieder nach Hause und legte mich ins Bett – ich habe nicht mal gut geschlafen …!

Nicht gerade viel, will man darüber in einer Kolumne berichten, was? Ich tue es trotzdem. Denn auf dem Rückweg fiel mir auf, dass mich die Enttäuschung darüber, dass mir anscheinend nie die „großen", geistlichen Dinge passieren wollen, irgendwie nervt. Mein Gott, wie oft habe ich schon Berichte verschlungen, in denen andere erzählen, wie Jesus ihnen begegnet ist? Und noch wie viel öfter habe ich mich danach gesehnt, selber solche Erfahrungen zu machen? Und das Bittere ist, ich kenne Leute, die *hätten* auf diesem Spaziergang etwas erlebt. Und zwar so sicher, wie in der Kirche Kollekten gesammelt werden! Bei ihnen scheint Gott ständig am wirken zu sein, die haben immer was auf Lager. Ihnen begegnet Gott ununterbrochen auf mannigfaltige, wundersame, ja bewegende Weise. So sieht's zumindest für mich aus – und Scheiße, ich würde auch gerne schöne Geschichten zu erzählen haben!

Aber auf dem Heimweg dieses Gebetsgangs habe ich mich entschlossen, mich nicht mehr darüber zu ärgern. Man muss die Feste feiern, wie sie fallen, sagt man. Und das Gleiche gilt dann wohl auch für Gott. Und auch für einen selbst gilt es. Man hat nicht mehr, als man hat – aber auch nicht weniger. Jeder Mensch ist anders. Mag XY erleben, was er oder sie will – was hat das verdammt noch mal mit mir zu tun? Auch wenn auf meinem kleinen Gebetsgang nichts Außergewöhnliches passiert ist, nichts was man in Biographien erwähnt, war es doch schön, vor Gott nachzudenken, ihm Sachen zu erzählen, Gedanken zu ordnen. Das klingt vielleicht normal, aber wer hat eigentlich festgelegt, dass wilde Geschichten besser sind als alltägliche? Ich habe mich dazu entschlossen, dass sie mir genügen.

Armer Loser Kain ...

12. Februar 2001

Manchmal kann einem die Bibel schon Fragezeichen ins Gesicht malen, oder? Ich weiß noch, als ich frisch zum Glauben gekommen bin, schrieb ich immer alles auf einen Zettel, was ich nicht verstand und marschierte mit der Liste dann zu meiner Hauskreisleiterin. Die Arme! Ich glaub, ich hab sie zum Teil ganz schön ins Schwitzen gebracht. Sie musste sozusagen ausbaden, was der liebe Gott mit seinem unendlich großen Hirn verbrochen hatte – wie soll das bitte schön gehen? Aber sie tat ihr Bestes und beantwortete so viele Fragen wie möglich. Trotzdem ist meine Liste im Laufe der Jahre eher größer als kleiner geworden.

Natürlich, mit der Zeit stumpft man schon etwas ab, viele Fragen stehen auf dem Zettel und da stehen sie gut. Man kümmert sich einfach nicht mehr um sie, sondern macht, wenn man ehrlich ist, lieber einen großen Bogen um das blöde Papier. Aber wer sich noch daran erinnern kann, was er empfunden hat, als er zum ersten Mal gelesen hat, dass Hananias und Saphira tot umgefallen sind, weil sie ein bisschen geschummelt haben, der weiß sicher, wovon ich spreche. Und wir haben hier noch nicht mal das alte Testament ausgepackt ...!

Ich habe Christen sagen hören, dass die Bibel ein Buch ohne Widersprüche sei. Ich frage mich dann immer, ob sie mit einer anderen in den Händen als ich ihre Stille Zeit machen. In der Bibel, in der ich lese, entdecke ich immer wieder Ungereimtheiten und Sätze, die meiner Vernunft die Tränen in die Augen treiben (und – kaum zu glauben – das sogar in der Elberfelder Übersetzung!). Allerdings finde ich das heute nicht mehr so tragisch wie früher. Das Leben ist widersprüchlich, was kann man da anderes von einem Buch erwarten, das versucht, dieses

Leben auf den Punkt zu bringen? Und dieser Punkt ist ja eben keine lückenlose Dogmatik, kein System, das mit ein paar Paragraphen zu erfassen wäre, sondern ein Mensch. Jesus.

Früher hat es mir Angst gemacht, wenn ich die Bibel nicht verstanden habe. Heute finde ich es spannend, dass es so ist. Und so seltsam mir manche Berichte erscheinen, so toll finde ich es immer wieder, wenn ich das Evangelium in ihnen entdecke. Das ist zumindest mein Ansatz, mit der Schrift umzugehen. Ich suche nicht als Erstes Gebote, Dogmen, eine lückenlose Weltanschauung oder innere Widersprüche, sondern Jesus.

Um mal ein Beispiel zu nennen: Gott gefällt das Tieropfer Abels, aber Kains Möhren und Rüben kommen gar nicht gut bei ihm an. Ich fand das immer fies – was kann der arme Kain dafür, dass er Bauer ist und nicht Hirte? Okay, er schlägt daraufhin ziemlich über die Stränge und seinem Bruder auf die Omme – aber das passiert ja erst, nachdem er bei Gott abgeblitzt ist. Man kann die Geschichte nun kinderstundenmäßig mit moralischem Unterton lesen. Nach dem Motto: „Pass auf, kleines Auge, was du siehst ...!" Und irgend so eine blöde Gleichung wie: „Sei nicht neidisch, sonst versündigst du dich und dann kommt die Strafe Gottes ...!" – aufstellen. Kann man – und die Folge wird unwiderruflich Angst vor Gott sein – muss man aber nicht! Ich will nun nicht sagen, dass ich die Geschichte verstehe und erklären kann. Auch meine Sympathie für den guten Kain bleibt weiterhin bestehen (ich weiß auch nicht, irgendwie stehe ich auf Looser). Trotzdem glaube ich, dass man sie auch vom Evangelium her angehen kann. Und da ist doch auffällig, dass Kain mit der Frucht seiner eigenen Anstrengung bei Gott abblitzt, während Abel durch ein stellvertretendes Opfer Gunst findet. Und schon sind wir mitten im Evangelium, mitten in der wundervollen Botschaft, dass Gott für uns ist, sich verschenkt und nicht möchte, dass wir uns etwas bei ihm verdienen.

Kolumnenwunder

14. März 2001

Es ist witzig, wie ich manchmal zu den Themen meiner Kolumne komme. In aller Regel kriege ich irgendwann im Monat eine E-Mail aus der *dran*-Redaktion, die mir mitteilt: „Es ist soweit, Jay, die Ausgabe ist fast fertig – aber wo sind deine Ergüsse?" Bei mir löst das meistens hektische Flecken aus – und die Aufschieberitis! Ich mache dann tausend und eine Sache, die alle unglaublich wichtig scheinen, es aber natürlich nicht sind. Und die Deadline rückt unaufhaltsam näher. Irgendwann kommt dann die Stunde, in der es nichts mehr aufzuschieben gibt, in der mir die Wahrheit von Angesicht zu Angesicht gegenüber steht und lakonisch fragt: „Na, mal wieder nichts zu erzählen?"

Und da steh ich dann und zermartere mir das Hirn, lasse alle möglichen und unmöglichen Begegnungen auf meiner inneren Leinwand Revue passieren. Dinge, an die ich gedacht habe, die Fragen, die ich mir so stelle, und suche verzweifelt nach etwas, das erwähnenswert ist. Mein Gott, frage ich mich dann, ist mein Leben wirklich so normal? Ich bin doch Künstler und dazu noch Christ. Ich sollte doch überlaufen von wundersamen Erfahrungen. Und wenn schon nicht wundersam, dann doch wenigstens vielsagend, oder komisch – mein Gott, du bist doch Komiker! Sei gefälligst witzig!

Dann und wann fällt mir tatsächlich auch was ein. Aber wesentlich öfter entfaltet sich bloß das schwarze Loch in meinem Kopf. Und zwar unaufhörlich. (In schlaflosen Nächten sehe ich dann schweißgebadet meinen Redakteur vor meinem inneren Auge, wie er und der Rest der *dran*-Redaktion mich verprügeln, weil ich mal wieder nicht beikomme.) Und dann ist der Morgen da, der

Abgabetermin – die Deadline! – und der Bildschirm auf meinem Schreibtisch immer noch so leer wie das Grab am Ostermorgen.

Tja, und was macht ein frommer Mensch in so einer Situation? Richtig, er betet. Und in diesem Fall werde ich mich hüten, meine manchmal etwas spitze Zunge zu erheben – es mag fromm sein, wie es will, aber es ist für mich beinah unglaublich, wie oft mir so ein Gebet das Leben gerettet hat. (Das war eine Metapher! – nicht dass jetzt einer denkt, die *dran*-Redaktion würde tatsächlich ihre Kolumnisten zusammenschlagen, nur weil sie nicht rechtzeitig mit Artikeln winken …!) Eben war mein Gehirn ein schwarzes Loch, und der einzige Gedanke, der darin reifte: Fahnenflucht – der Plan, das Kolumnenschreiben ein für alle Mal an den Nagel zu hängen. Aber nach dem Gebet ist da auf einmal noch eine andere Idee. Irgendetwas, eine Erinnerung, eine Begebenheit, ein Gedanke, eine Frage. Oft tatsächlich eine der Sachen, nach denen ich vergeblich meinen Kopf gescannt hatte – wie aus dem Nichts plötzlich da – und die Kolumne kann ihren Lauf nehmen. Für mich ist das ein kleines Wunder. Immer wieder.

Meistens wenn ich so bete, fällt mir auf, wie selten ich das tue. Beten, meine ich. Und wenn ich dann um Hilfe schreie, ist mein erster Gedanke, dass der liebe Gott schön blöd wäre, würde er tatsächlich einen Einfall vom Himmel regnen lassen. Bei geistlichen Cracks, die morgens ihre Frauen schon zungenbetend wecken, soll so was ja schon mal vorfallen … aber bei einem wie mir? Wer hat sich denn schon wieder ein paar Tage nicht gemeldet? Ich ja wohl. Aber anscheinend ist Gott so „blöd" … Er hat mich nicht ein einziges Mal hängen lassen.

David beschreibt in Psalm 139 so schön, dass man vor Gott nicht fliehen kann. Dass er immer und überall ist, sogar an den finsteren Orten unseres Lebens (Vers 11 & 12). Es gab eine Zeit, da hatte das etwas Bedrohliches für mich. Da sah ich Gott als den großen Aufpasser, der ständig eine Art geistliches Barometer an

mein Leben hält und damit misst, wie ich mich mache. In Augenblicken wie diesen erlebe ich dann jedoch, dass man sich über
einen gnädigen Gott keine Sorgen machen braucht. Er gibt immer wieder gerne. Auch Kolumnen.

Voll umgehauen

2. Mai 2001

Oh Mann. Ich glaube, ich habe mich verliebt. Heute, mit einem Schlag – Bumm! Hätte wirklich nicht gedacht, dass mir so was passiert. Ich bin jetzt sechs Jahre verheiratet und dann das ... Joleen heißt die Kleine und sie ist wirklich süß. Habe sie gerade erst kennen gelernt. Wenn sie mich ansieht, klopft mein Herz, als ob ich ein Teenager wäre. Es macht bum, bum, bum und sagt: „Berühre das Mädchen, Jay, berühre sie! Sofort!" Sie hat nicht gerade eine stattliche Gestalt, und manchmal macht sie eine unbeholfene Bewegung – aber diese Augen. Mamma-mia, diese Augen! Sie bringen mich dazu, alles stehen und liegen zu lassen und wie ein Bekloppter vom einen Ende Frankfurts ans andere zu heizen. Nur um sie zu sehen.

Heute Morgen musste ich ziemlich früh aus dem Haus und hatte nicht mal die Nuance eines Schimmers, dass mir so was blüht. Ich meine, ich habe natürlich schon oft gehört, dass das passieren kann. Bin ja nicht blöd. Aber ich bin auch nicht gerade, was man gefühlsduselig nennt. Im Allgemeinen klemmt sich mein Kopf relativ fix zwischen mich und meine Emotionen. Ja, ja, soll vorkommen, dass man sich verliebt ... So was passiert ... anderen! Pustekuchen! Und jetzt also mir. Und ich habe nicht mal ein schlechtes Gewissen ...!

Meine Frau Julia hat mir das natürlich sofort angesehen und gefragt, ob ich eine neue Flamme habe ...? Und soll ich jetzt lügen, oder was? Also hab ich es ihr gebeichtet. Na ja, beichten ist wohl kaum das richtige Wort – schließlich kann Julia gut verstehen, dass ich in Joleen verknallt bin. So wie sie die Kleine anstarrt, ist sie selber ganz hin und weg. Also läuft es wohl auf eine Ehe zu dritt hinaus. Joleen zieht bei uns ein, und Julia und ich müssen uns die Kleine teilen. Sodass jeder sie mal streicheln darf. Bin schon ganz gespannt, was Joleen davon halten wird. Na ja, die nächsten achtzehn Jahre hat sie zumindest nicht viele Möglichkeiten, sich dagegen zu wehren.

Aber heute, als ich sie zum ersten Mal im Arm hielt, konnte ich es kaum fassen. Luther war es, glaube ich, der gesagt hat, dass man bei einer Geburt den Schöpfer auf frischer Tat ertappt. Und da liegt dieses neue, frische, unschuldige Leben also in meinem Arm und ich verstehe die Welt nicht mehr. Ich hatte vorher echt Panik, dass ich bei der Geburt umkippe oder hinterher nichts mit dem Kind anzufangen weiß (ich sagte ja bereits, dass ich nicht so die Gefühlsleuchte bin). Ein Freund von mir hat mich mal als einen Vorne-weg-Paniker bezeichnet. Als jemand, der sich vor einer Situation verrückt macht und grämt, was das Zeug hält, und sich so sicher ist, dass er versagen wird wie Sisyphus, der seinen blöden Stein immer wieder den Berg hinauf gerollt hat. „Ist gar nicht so dumm, wie du das machst", sagte dieser Freund schließlich, „denn du verbrauchst alle Panik vorher, sodass in der eigentlichen Situation keine mehr übrig ist und du immer 'ne ganz gute Figur machst." Ob ich tatsächlich 'ne gute Figur mache, weiß ich nicht. Ich weiß nur, dass ich nicht verstehe, wo auf einmal diese Liebe zu dem kleinen Wurm herkommt, der da auf meinem Arm liegt und schläft.

Den Schöpfer auf frischer Tat ertappt. Das habe ich heute wirklich. Und nicht nur den Schöpfer neuen Lebens. Nein, auch den Schöpfer der Liebe.

Gottesdienstgleichung

5. Juni 2001

Meine Frau hat gesagt, es sei mal wieder Zeit, dass ich mich unbeliebt mache. Meine letzten Kolumnen seien etwas brav gewesen ...! Sagte sie brav? Meine Kolumnen? Dann passt ja ganz gut, was mir gerade durch den Kopf geht. Also gut, immer her mit den Nesseln ...!

Neulich habe ich in einem christlichen Bericht gelesen, es gehöre essentiell zum Christsein, dass man Teil einer christlichen Gemeinde ist. Klingt gut, klingt richtig, klingt wahr. Klingt so vertraut wie die Volksweisheit, dass Lügen kurze Beine haben. Beide Sätze haben die meisten von uns in der einen oder anderen Variante so oft gehört, dass man uns problemlos aus dem Schlaf reißen und zu „Wer wird Millionär" zerren könnte. Selbst im Halbschlaf wäre uns die Million sicher, ginge es darum, einen solchen Leitsatz herzubeten. Und wer ein paar Jahre Gemeinde auf dem Buckel hat, dem steckt die Gleichung im Blut: Ein Christ gehört gefälligst in eine Gemeinde.

Ich persönlich halte nicht viel von dieser Gleichung. Ich glaube sogar, dass sie mehr Schaden anrichtet als nutzt. Sie ist ein theoretischer Allgemeinplatz, der gut klingt, weil er richtig klingt. Mehr aber auch nicht. Sie stimmt genauso wenig, wie alle Lügen kurze Beine haben (es gibt doch eine Menge Unwahrheiten, die sich erstaunlich lang, erstaunlich gut am Markt halten, die eher auf großem Fuß lustwandeln als an kleinen Schritten zu krepieren – oder etwa nicht?). Dass jeder Christ in eine Gemeinde gehört, ist ein Leitsatz für Dogmatiken, aber nichts fürs richtige Leben. Natürlich, er sichert einer Menge Pastoren das Abendessen. Aber wenn's darum geht, sollten wir vielleicht auch gleich den Ablasshandel wieder einführen ...

Okay, ich werde polemisch. Das nutzt in aller Regel nur wenig. Vielleicht muss ich an dieser Stelle auch erst mal erwähnen, dass ich selber sehr gerne in meiner Gemeinde bin. Ich mag unsere Gottesdienste und gehe noch lieber zum Hauskreis. Es liegt mir fern, Gemeinden abzuschaffen (und natürlich gönne ich jedem Pastor auch einen reichlich gedeckten Tisch – na ja, fast jedem!). Aber Gemeinde sollte doch ein Ort sein, zu dem sich Menschen hingezogen fühlen. Ein Ort, an dem sie gerne einen Teil ihrer kostbaren Zeit lassen, um andere Menschen und Christus zu treffen. Ich denke, so wünschen wir uns doch alle die Kirche, oder? Und warum, frage ich, ist sie dann voller Leute, die nur hingehen, weil sie es immer schon gemacht haben? Ich kenne so viele Christen, denen sieht man im Dunkeln noch an, dass sie eigentlich nicht so genau wissen, warum sie sich sonntags morgens aus dem Bett quälen. Trotzdem tun sie es. Woche für Woche. Weil es zum Christsein gehört. Na toll.

Und deshalb finde ich die essentielle Verknüpfung von Gemeindezugehörigkeit und Christsein schwierig: Sie produziert Christen, die zur Kirche gehen, weil es dazugehört. Warum produziert sie die? Weil sie in aller Regel nicht als Angebot oder Empfehlung formuliert wird, sondern als Forderung. Gegen die Empfehlung, es sei hilfreich fürs Leben als Christ, einer Gemeinde anzugehören, hätte ich nichts einzuwenden. Aber derselbe Satz als Forderung widerspricht dem Evangelium. Wenn es essenziell zum Christsein gehört, dass man zur Gemeinde geht, bedeutet es, dass jemand, der nicht in die Gemeinde geht, kein Christ sein kann. Meine Frage dazu: Ist Christsein nicht immer noch definiert in der Rettung durch den Glauben an Christus allein? Und leitet nicht jedes Pochen auf irgendeine zusätzliche Tat an der Aussage des Evangeliums vorbei? Das gilt doch auch, wenn es der Kirchenbesuch ist, meine ich!

„Aber in Hebräer 10,25 steht doch, dass ein Christ in die Gemeinde zu gehen hat", höre ich meine Kritiker rufen. Ich kenne eine Gemeinde, da wird dieser Vers hoch und runter gebetet. Ihr Pastor versucht seine Schäfchen dazu zu kriegen, dass sie alle jeden Sonntag vor der Kanzel sitzen. Da wird ein Druck mit diesem Vers gemacht, das ist unglaublich. Es wird sogar bewusst nicht veröffentlicht, wer predigt, um zu verhindern, dass Gemeindeglieder nur zu bestimmten Predigern auftauchen. So was nenne ich Entmündigung!

Einer Menge Christen täte es vielleicht mal ganz gut, eine Zeit lang nicht zur Gemeinde zu gehen. Vor allen Dingen, wenn sie nur aus Zwang dort auftauchen oder weil es eben dazugehört. Und dann kenne ich noch eine Menge Leute, die sind von ihrer Gemeinde so durch den Dreck gejagt worden, dass es ein Wunder ist, falls sie je wieder einen Fuß in eine Kirche setzen. Das sind doch nicht plötzlich Nichtchristen. Oder schlechtere Christen. Bei ihnen geht nur die dämliche Gleichung nicht auf, das ist alles.

Wie gesagt, ich bin nicht gegen Gemeinde, aber sie ist auch kein Selbstzweck. Christsein ist Rettung durch Christus – nicht durch Gottesdienstbesuche. Da bin ich sehr evangelisch.

Fangfrage zum Schluss: Zu welcher Gemeinde gehörte eigentlich Johannes der Täufer?

Die Halleluja-Fraktion

25. Juli 2001

Manchmal kommt es mir vor, als ob es Menschen gibt, die fürs Christsein gemacht sind, und dass es andere gibt, die nicht so sehr dafür gemacht sind. Bevor es nun großes Geschrei gibt: Das war nicht dogmatisch gemeint, und schon gar nicht im Sinn der calvinistischen Erwählungslehre. Es geht mir um etwas anderes.

Mir fällt einfach auf, dass sich einige Leute nicht sehr schwer tun mit dem christlichen Glauben. Zweifel sind ihnen relativ fremd, und wo sie gehen und stehen, erleben sie Führungen Gottes. In der Bibel finden sie Antworten, im Gebet sowieso. Alles, was ihnen geschieht, hat einen Sinn, wird der Herr schon richten, passt irgendwie in das Paket, das der liebe Gott ihnen täglich schnürt. Überhaupt scheint es so zu sein, dass der liebe Gott mit nichts anderem beschäftigt ist, als mit dem Leben dieser Leute. Sie haben ständig Zeugnisse zu erzählen, erleben Gebetserhörungen am laufenden Band, und es sieht so aus, als ob sie den lieben langen Tag in einer wundersamen Wolke der seligen und heiligen Gemeinschaft Gottes dahinwandeln.

Mich nerven solche Leute meistens. Und zwar aus verschiedenen Gründen: 1. Weil ich neidisch auf sie bin, 2. weil sie mir Angst machen und 3. weil sie sich verdammt oft ziemlich ungehörig aufführen. Das bedarf wohl einer Erklärung:

Neidisch bin ich, weil so eine Lebensweise begehrenswert klingt, mir aber völlig fremd ist. Meine Welt ist nicht voller Wunder, Führungen und Aha-Erlebnissen. Nicht, dass es solche Momente nicht gibt, aber im Vergleich zu dieser Spezies Christ wirkt mein Leben doch, nun, sagen wir es freundlich: äußerst trivial. Und es ist auch nicht so, dass ich noch nie versucht hätte, so zu leben. Aber bei mir hat das nie funktioniert. Nicht funktioniert ist noch gelinde gesagt. Die Versuche, mein Christsein in solche Regionen zu befördern (und es liegen unzählige hinter mir), sind bisher alle gescheitert. Ich kann nicht sagen, dass einer mein Leben auf lange Sicht erfüllter gemacht hätte. Eher im Gegenteil. Dazu gibt es eine Menge, was mich am Christsein zweifeln lässt. Und das nicht nur einmal im Monat nach einem schweren Tag. Bin wohl eher ein Thomas als ein Petrus. Ich kann mir da nichts einreden, mein Leben ist, wie es ist. Es läuft nicht über vor Wundern und der Freude am Herrn (wiewohl ich mich durchaus an ihm freue!). Trotzdem: Meistens gefällt es mir ganz gut!

Warum mir solche Leute Angst machen, resultiert aus dem eben Gesagten. Sie erinnern mich an all meine kläglichen Versuche, so zu leben, wie sie es tun (vielleicht auch nur vorgeben – wer kann das schon beurteilen?). Und an all den Frust, der damit zusammenhängt. Außerdem frage ich mich nach beinahe jedem Gespräch mit jemandem aus der Halleluja-Fraktion, ob ich nicht etwas falsch mache? Ob mein Leben nicht sein sollte, wie das seine und so weiter und so fort. Und dem folgt meist die Angst auf dem Fuß, ein nicht so toller Christ zu sein. Dazu kommt, dass ich immer wieder die Erfahrung mache, dass Christen dieser Coleur neben ihren Ansichten kaum etwas anderes stehen lassen. Wenn sie es nicht mit Worten sagen, so verraten doch oft ihre Blicke, dass sie sich ebenfalls fragen, ob meine Qualität als Christ das Wahre sein kann. Dass so was beängstigend ist, versteht sich ja wohl von selbst.

Das führt uns zu Nerv-Grund Nr.3. Die Freude am Herrn mag ja etwas Beglückendes sein, besonders sensibel macht sie anscheinend nicht. Warum tun diese Leute ständig, als wüssten sie genau, was für alle und jeden richtig ist? Und weshalb haben sie es nicht nötig, auf ihr Gegenüber einzugehen? Und wieso sitze ich nach solchen Gesprächen immer da und frage mich, ob derjenige nicht doch Recht hatte? Und meinem Gegenüber scheint dieselbe Frage so fern zu liegen wie die Idee, in einem Café Vanilleeis mit Scheiße zu bestellen (und das, obwohl meine Argumente selten aus Pappe sind).

Das alles hat wohl in Wahrheit weniger mit Christsein an und für sich zu tun, als mehr mit der Frage nach der Persönlichkeit. Wie viel vom christlichen Leben – und damit bewege ich mich zum Anfang zurück – hängt nun an der Persönlichkeit, und wie viel am Glauben des Einzelnen?

Fade Songsuppe

23. August 2001

Warum ist Lobpreis eigentlich so eine langweilige Musik? Die Frage ist ehrlich gemeint und ich stelle sie nicht, um jemanden zu provozieren. Denn mir fällt immer wieder auf, dass, egal in welche Gemeinde man kommt, die Lobpreismusik im Gottesdienst häufig austauschbar ist. Sicher, es gibt musikalisch gereifte Lobpreiser und welche, die hier noch ein ganzes Stück Weg vor sich haben. Aber das ist nicht der Punkt (wiewohl mir das Genießen bei der ersten Gruppe zugegebenermaßen leichter fällt). Es ist natürlich auch ein Unterschied, ob man Lobpreis in einer heavy-charismatisch-wir-preisen-aus-allen-Löchern-Church erlebt, oder ob man in einer eher evangelikal orientierten Gemeinde sitzt, die es schon revolutionär findet, wenn man mit dem Fuß den Takt der Lieder mitwippt. Schon klar.

Trotzdem. Auch wenn die einzelnen Glaubensausrichtungen unterschiedliche Schwerpunkte in ihrer musikalischen Auffassung von Lobpreis- und Anbetungsmusik setzen, ist es doch zumindest innerhalb dieser verschiedenen Richtungen meistens die gleiche Soße, die einem Sonntag für Sonntag um die Ohren gepriesen wird. Etwas Originelles hört man da doch selten und etwas Originäres noch viel seltener.

Wie gesagt, ich will hier niemandem etwas madig machen, aber ich muss zugeben, dass ich das stinklangweilig finde. Sicher, es erfüllt seinen Zweck, man preist Gott. Und dagegen habe ich ja auch nichts – im Gegenteil. Aber wieso soll das nur mit christlich angemalter Schlagermusik funktionieren? Denn was anderes ist Lobpreis zumindest auf musikalischem Gebiet in den seltensten Fällen (textlich verhält es sich bisweilen übrigens auch nicht viel anders).

Auch hier soll man mich nicht falsch verstehen. Es geht mir nicht so sehr um einen anderen musikalischen Stil, als mehr darum, dass ich mich frage, warum das alles so wenig originell ist, was wir da zu Gottes Ehre treiben. Die meisten Lobpreisbands klingen bestenfalls wie der hundertste Aufguss einer PJ-CD. Ohne eigenen Charakter. Soll das etwa die unbeschreibliche Herrlichkeit Gottes repräsentieren? Na dann gute Nacht.

Genauso geht es mir mit 85 Prozent der Lobpreislieder, die auf den Markt geworfen werden. Manchmal kommt es mir vor, als ob die Autoren einen Topf mit fünfzig christlichen Begriffen füllen, und daraus zehn ziehen, um einen Song zu basteln. Nach dem Motto – man nehme: würdig, Lamm, Thron, Blut, heilig, Gnade, schmeiße noch ein paar „ich preise" dazu und fertig ist das Lied. Nicht nur, dass ein Außenstehender kaum nachvollziehen kann, was da gesungen wird, sogar für mich als Insider ist das bisweilen schwierig. Mir fehlt die Identifikation, das Herz, die Seele in solchen Songs. Ich frage: Wo ist der Autor in dem Lied?

Das frage ich übrigens immer, wenn es um Kunst geht. Wo steckt der Künstler in diesem Bild, jenem Roman, Film oder Song? Was drückt er aus, was sagt er mir damit? Und solange sich Lobpreismusik lediglich in der stetigen Wiederholung altbekannter Begriffe und musikalischer Schemen erschöpft, verkommt sie meines Erachtens zur Phrase. Und vielleicht liegt hier das Problem und gleichzeitig auch der Grund dafür, dass es in der Lobpreisszenerie bloß so wenige erfrischende Ausnahmen wie U2, Delirious oder Kevin Prosch gibt: Wir benutzen Musik und Text meist lediglich als Vehikel, als Mittel für den Zweck Gott anzubeten.

Und sicher, das ist legitim. Ich werde auch nichts gegen Hamburger von McDonalds sagen – sie stillen den Hunger, keine Frage. Schmecken ab und an sogar gut. Aber jeder, der schon mal bei einem guten Italiener gegessen hat, wird mir zustimmen, dass es sich lohnt, für ein Essen mehr Aufwand zu treiben, als bloß tiefgefrorene Stücke Hackfleisch auf ein Blech zu werfen. Was ich mir von Lobpreismusik wünsche, ist, dass wir sie ernst nehmen und nicht nur benutzen. Ich sehne mich nach echten Emotionen, tiefen Gedanken, Musik die atmet, und nach einer Band, der ich abspüre, dass sie jeden Ton glaubt, den sie spielt.

Bibelblickpunkte

26. September 2001

Hauskreis. Martin hält ein Thema über König Saul. Schon an seinem Grinsen erkennt man, dass am Ende des Abends nicht viel von dem biblischen Bericht über Saul – wie man ihn landläufig kennt – übrig bleiben wird. Denn Martin geht an biblische Texte historisch-kritisch heran.

Mir gefällt das. So erfahre ich eine Menge über Saul, was ich noch nicht gewusst habe. Etwa in der Mitte von Martins Rede wird er von Maren unterbrochen – das war absehbar. Sie ist nicht damit einverstanden, dass er einen Punkt in Sauls Leben als erfundene Legende erklärt, und sie versucht, den biblischen Bericht zu „retten". Schließlich meldet sich noch Jens zu Wort, dem eigentlich scheißegal ist, ob das alles wirklich passiert ist, der aber wissen will, was der Text für sein eigenes Leben bedeutet ... Und ganz schnell ist die Diskussion bei der grundsätzlichen Frage angelangt: Wie soll man mit der Bibel umgehen?

In unserem Hauskreis stoßen wir immer wieder auf diese Frage. Und natürlich liegt das daran, dass wir alle aus unterschiedlichen, theologischen Hintergründen kommen. Mir gefällt das. Mir gefällt auch, dass wir recht gegensätzliche Antworten auf diese Frage geben. Und noch besser gefällt mir, dass in unserem Hauskreis eine Atmosphäre herrscht, in der die unterschiedlichen Ansichten nebeneinander stehen können, ohne gleich besorgte Mienen auf den Gesichtern der jeweils anderen Fraktion hervorzurufen. Nicht, dass nicht um Themen gestritten würde (ihr hättet mal den Kampf um die Arche Noah miterleben sollen!), aber grundsätzlich entscheidet sich an solchen Fragen nicht, ob man den anderen schätzt und als Christ ernst nimmt. Ich wiederhole mich vielleicht, aber das gefällt mir sehr.

Früher war das Bibelverständnis für mich eine der wesentlichen Fragen im Christenleben. Ich will auch gar nicht behaupten, dass sie unwichtig ist. Ist sie doch vielfach mitverantwortlich dafür, ob das Christentum Menschen Angst und Schrecken oder Freiheit bringt. Ich glaube, aus diesem Grund diskutieren wir im Hauskreis auch so viel über das Thema. Aber früher hat sich für mich die Frage dogmatisch gestellt. Nach dem Motto: Hat XY das richtige Bibelverständnis oder nicht? Eine solche Frage finde ich heute lächerlich! Das „richtige" Bibelverständnis – wenn ich das schon höre. Wenn sich Fachleute seit 2000 Jahren über Bibelauslegungen streiten, will heute im Ernst jemand glauben, dass gerade er den Stein der Weisen gefunden hat?

Für mich stellt sich die ganze Sache so dar: Ich liebe die Bibel. Ich finde sie klasse und verstörend zugleich. Es gibt Dinge in ihr, die schlucke ich, und andere nicht. Manche Sätze sprechen mir ins Herz. Und bei anderen meine ich, dass der Autor etwas mehr über den Unsinn hätte nachdenken sollen, den er da verzapft hat (und das sage ich nicht mit einem Anspruch auf „Wissen", sondern lediglich als meine eigene fehlbare und diskutable Meinung). Vielleicht kommt solch ein Umgang manchem Leser ungebührlich vor, und warum auch nicht? Ich habe auch nicht behauptet, dass jeder so mit Texten der Bibel umgehen soll. Ich tue es.

Denn ich glaube an das eine Wort Gottes und nicht an die vielen Wörter. Das eine Wort Gottes ist der fleischgewordene Christus (vgl. Joh. 1). Die Bibel verkündigt uns dieses Wort, und man sollte nicht den Fehler machen, die vielen Wörter, die sie dazu verwendet, mit dem einen Wort Gottes zu verwechseln. Die Bibel ist die Urkunde des Glaubens, deshalb ist sie wichtig. Hier haben Menschen ihre Erfahrungen mit Gott niedergeschrieben (und wie unterschiedlich die ausfallen, weiß jeder, der die dicke Schwarte schon mal von vorn bis hinten durchgelesen hat). Aber das macht sie nicht zu einem unfehlbaren Buch. Unfehlbar ist Gott allein.

Seitdem ich das Ganze von diesem Blickpunkt aus sehe, habe ich vor Widersprüchen in der Bibel keine Angst mehr. Genauso wenig davor, ihre Aussagen kritisch zu hinterfragen. Denn es geht nicht um die Bibel, sondern um Jesus, den sie uns verkündigt.

Mieses Outing

Irgendwann 1994

Heute möchte ich über ein Erlebnis berichten, das schon einige Jahre zurückliegt. Ich weiß das genaue Datum nicht mehr, aber der Tag ist mir äußerst präsent. Es sind keine guten Gefühle, die mich beschleichen, wenn ich an diese Situation denke. Eher das Gefühl, versagt zu haben. Ich steckte damals mitten im Sozialpädagogikstudium und gehörte geistlich noch zur Heavy-Charismatik-Fraktion. Die Bauchschmerzen, die dieses Erlebnis in mir bewirkte, gehören ganz sicher mit zu dem Puzzle, das mich bewogen hat, viele meiner geistlichen Ansichten neu zu bedenken.

Ich holte damals meinen Studienkollegen Frank ab, um mit ihm auf ein Projektwochenende des Studiums zu fahren. Frank war ein netter Kerl, der sich erst einige Wochen zuvor in unserem Projekt als Homosexueller geoutet hatte. Er hatte mitbekommen, dass ich Christ bin. Aber das schien ihn nicht zu stören. Wir verstanden uns recht gut und unterhielten uns während der Fahrt intensiv. Wir kamen auch auf den Glauben zu sprechen, und ich freute mich darüber, dass ich ihm etwas von Jesus erzählen konnte. Er war richtig interessiert. Irgendwann sagte er, dass er überrascht sei, dass ich so ein interessanter Typ wäre. Die Christen, die er bisher getroffen hätte, wären alle etwas seltsam gewesen. So hatte er mal mit zwei Christen auf der Straße gesprochen, die ihm die Hände auflegen wollten, um ihn von seiner Homosexualität zu heilen. *Waren nicht gerade sensibel, diese Jungs,* dachte ich bei mir und versuchte das Thema zu wechseln. Denn mir war damals schon klar, dass es keineswegs hilfreich ist, jemandes Lebenswelt in den ersten drei Sätzen zur Krankheit zu degradieren.

Aber mein Ablenkungsversuch blieb erfolglos. Wenn die Situation nicht so traurig gewesen wäre, könnte man sie im

Nachhinein fast „witzig" nennen. Denn Frank saß neben mir und ging davon aus, dass ich, genauso wie er, den Heilungsversuch dieser Christen als den größten mittelalterlichen Blödsinn entlarven würde. Dumm war nur, dass meine eigene Einschätzung seiner Situation gar nicht so weit von diesem „Blödsinn" entfernt war. Ich hatte schließlich auch die Bibel gelesen. Und so fragte er lachend, was ich von solchen Christen halten würde. Ich begann zu schwitzen und sah das Desaster auf mich zurollen. Also stimmte ich ihm zu, dass jemandem so etwas auf der Straße zu sagen, eine Unverschämtheit sei (was ich tatsächlich auch so sah). Ich hoffte, dass er nicht weiter bohren würde, und wand mich innerlich wie eine Schlange. Schließlich wollte ich ja gar nicht seine Homosexualität madig machen, sondern ihm von der Liebe Gottes erzählen. Aber dann fragte er mich geradeheraus, wie ich das Ganze einschätzen würde.

Schnapp: In der Falle! Lügen wollte ich nicht, also musste ich wohl Farbe bekennen und ihm erklären, dass ich der Meinung war, Gott würde Homosexualität nicht richtig finden. Ich gab mir wirklich Mühe, es behutsam zu tun, versuchte Worte wie „Krankheit" und „Sünde" zu vermeiden. Aber das hätte ich mir auch sparen können. Sobald ich meinen Satz gesagt hatte, sah ich, wie ihm alles aus dem Gesicht fiel. Damit hatte er nicht gerechnet – und damit war die Kacke am Dampfen. Er war nicht sauer, sondern total erschüttert. Ich glaube, gerade weil er mich als coolen Typen eingeschätzt hatte, und er nicht auf so was vorbereitet war, traf ihn meine Meinung wie ein Dolchstoß. Ich versuchte es ihm zu erklären. Und versuchte abzulenken, als ich merkte, dass ihn das emotional so tief verletzte, dass ein sachliches Gespräch unmöglich wurde. Aber es half nichts. Er sah mich an, als käme ich von der Gestapo.

Aber das Beste kommt noch. Als wir das Projekt erreichten und unsere erste Selbsterfahrungssitzung hatten, spürte ich, wie es in ihm brodelte. Ich betete und flehte, dass mir die Bloß-

stellung vor den anderen erspart bleiben würde (wer Sozial-
pädagogen kennt, weiß, was die von „Schwulenhassern" halten).
Aber es kam (denke ich heute), wie es kommen musste. Es brach
aus ihm heraus und somit waren ich und meine unmenschliche
Meinung das Thema des Abends. Es war grauenhaft.

Damals kam ich mir wie ein Märtyrer vor, der für die Wahrheit
leidet. Ich, der arme rechtschaffene Christ, das Opfer einer
Hexenjagd. Aber in den kommenden Wochen beschlich mich das
dumpfe Gefühl, dass das vielleicht gar nicht stimmte. Wer hat
seit 2000 Jahren unter wem gelitten? Die Christen unter Homosexuellen? Nein. Christen haben Schwule seit jeher verfolgt,
bloßgestellt und umgebracht, und ich rege mich darüber auf,
dass sich dieses Szenario für einen Abend ein kleines bisschen
umdreht? Das ist doch lächerlich!

WWJD – what would Jesus do? Was hätte Jesus an meiner
Stelle bei der Autofahrt getan? Ich weiß nicht, was er getan hätte, und ich weiß auch nicht, wie ich es in meiner damaligen, bor-
nierten, theologischen Selbstgerechtigkeit hätte besser machen
können. Aber ich bin mir heute sicher, dass er den armen Frank
nicht wie ich mit der „Wahrheit" erdolcht hätte. Ich glaube, dass
Jesus den Schmerz und die Ablehnung, die ich in Frank geschürt
habe, gelindert hätte. Er war immer bei den Verfolgten, bei den
Geächteten. Daran hat sich nichts geändert. Und immer wenn
ich an Frank denke, frage ich mich, wie wir Homosexuellen die
Liebe Gottes näher bringen sollen, wenn wir gleichzeitig ihre
Existenz verteufeln?

Im Kreis preisen?

5. Januar 2002

Schon seit zehn Jahren fahre ich im Januar zur Musikerfreizeit. Hier treffen sich in einem lockeren Rahmen ein ganzes Wochenende christliche Musiker, die in der christlichen Musikszene oder darüber hinaus unterwegs sind, um sich auszutauschen und frische Impulse für das neue Jahr zu empfangen.

Seit etwa drei bis vier Jahren ist eine deutliche Veränderung unter den Teilnehmern zu beobachten. Erstens werden die Besucher immer jünger, und zweitens kommt der überwiegende Teil inzwischen aus dem Lobpreisgeschehen (woran wohl zu sehen ist, dass der Lobpreismarkt boomt wie nie zuvor). Samstagnachmittags gibt es immer die Möglichkeit, Gesprächsgruppen zu bestimmten Themen zu besuchen. Dieses Jahr ist dabei etwas passiert, was ich ganz interessant fand. Einer der Teilnehmer bot eine Gesprächsgruppe zum Thema „Musik und Evangelisation" an. Das ist auf einem christlichen Musikerwochenende vielleicht noch nichts besonders Ungewöhnliches, aber das Interessante daran war für mich, dass diese Gesprächsgruppe außer dem Initiator keinen einzigen Teilnehmer fand.

Warum finde ich das interessant? Es zeigt mir, wie sehr sich die christliche Szenerie in den letzten Jahren gewandelt hat. Als wir 1987 mit NIMMZWEI begonnen haben Musik zu machen, war der missionarische Aspekt moderner, christlicher Musik das führende Argument, mit dem christliche Künstler ihre Musik begründeten. Damals lag die Diskussion, ob Popmusik überhaupt ein adäquates Ausdrucksmittel für Christen sei, gerade in ihren letzten Zügen, wurde aber durchaus noch geführt. Und die Idee, der Welt zu zeigen, dass Christsein etwas Zeitgemäßes ist, führte zu einer Flut von neuen, christlichen Bands, bei deren Konzerten der evangelistische Aspekt eine wichtige Rolle spielte.

Anscheinend hat sich daran etwas geändert. Nicht nur das Desinteresse an der geschilderten Gesprächsgruppe zeigt mir dies, sondern auch meine eigene Erfahrung bei unseren Konzerten. Es werden heute deutlich weniger Nichtchristen von Besuchern zu einem Konzert mitgeschleppt, als das noch vor ein paar Jahren der Fall gewesen ist. Wenn ich mir nun die Besucherstruktur auf dem besagten Musikerwochenende in Verbindung mit dem Geschilderten ansehe, stellt sich mir die Frage: Ist „Praise" in und „Missio" out?

Man soll mich nun nicht falsch verstehen. Ich bin lange nicht mehr einer der auf-Teufel-komm-raus-Missionierer und finde es ganz angenehm, dass der Missionsdruck, der in meiner Jugend noch auf mich gelegt wurde, heute kein Thema mehr ist. Dennoch frage ich mich, ob es neben all unserem Gepreise nicht auch noch andere Dinge gibt, die Christen zu geben haben? Bis auf wenige Ausnahmen sind Praise- and Worshipevents ja eher Veranstaltungen für Insider (und das ist auch gut so, denn wie soll ein Außenstehender mit all dem seltsamen Habitus und Vokabular, das in der Regel bei solchen Gegebenheiten gepflegt wird, klarkommen?). Und Lobpreis kann eine tolle Erfahrung sein, keine Frage. Aber haben wir darüber den Wunsch verloren, anderen von Jesus zu erzählen? Steuert das alles nicht ein wenig in die Richtung: Wir preisen uns im Kreis?

Ich will hiermit keine „Lobpreis kontra Evangelisation Diskussion" entfachen. Es geht auch gar nicht um ein „Entweder – Oder". Aber ich wünsche mir, dass die Begegnung mit meinem Erlöser Jesus, für die Lobpreis zweifelsohne ein schönes Hilfsmittel ist, in mir den Wunsch ganz neu entfacht, weiterzugeben, was Jesus mir geschenkt hat.

Halbchristliche Würstchen

13. Februar 2002

Ich bin im 7. Jahr als Kolumnist für die *dran* tätig. Und mit dieser Ausgabe möchte ich mich nun verabschieden. Das verflixte 7. Jahr? Vielleicht. Auf jeden Fall geht mir gerade die Puste aus, Ausgabe für Ausgabe mein Innerstes nach Außen zu kehren. Den Einen mag es freuen, bleibt er so fürderhin von meinen zu (?) „liberalen" Ansichten verschont. Vielleicht gibt es auch jemanden, der darüber traurig ist, wer weiß. Ich selbst bin durchaus traurig, aber wahrscheinlich ist es am klügsten, den Hut dann zu nehmen, wenn er einem noch passt und noch jemand dabei zusieht.

Okay, (Trommelwirbel:) Das ist sie also, meine letzte Kolumne. Bei so einer Abschiedskolumne sollte man dick auftragen, oder? Also werde ich noch ein paar Gedanken zu meinem Lieblingsthema in die Menge schmeißen. Interessanterweise ist das nicht, wie manche vielleicht denken mögen, die Borniertheit von Christen (wiewohl ich zugebe, dass dies durchaus ein Thema ist, welches mich nicht selten beschäftigt). Menschen, die mich gut kennen, werden stattdessen sicher erwarten, dass ich über meine Kinoleidenschaft spreche. Aber, ich muss auch euch enttäuschen, Leute – dies ist eine sehr christliche Zeitschrift, die werden mich auch am Schluss meines Wirkens nicht einfach schreiben lassen, was mir gefällt. Außerdem, ob ihr es glaubt oder nicht, in der Tiefe meines Herzens stehen Filme tatsächlich höchstens auf Platz 2 (äh, ich meinte natürlich Platz 3, Schatz!). Auch auf die Gefahr, dass es sehr fromm klingt, muss ich bekennen, dass mein Lieblingsthema nach wie vor das Evangelium ist.

Es geschah auf dem Geburtstag eines sehr guten Freundes. Auf der Party treffe ich jemanden, die ich schon lange kenne. Ich hatte gehört, dass sie so etwas wie eine geistliche Erneuerung erlebt hätte und spreche sie darauf an. Aber sie verdreht nur die

Augen und sagt: „Das war doch schon Mitte letzten Jahres." Aus ihrer Reaktion schließe ich, dass es wohl nicht mehr weit her ist mit ihrer Erneuerung und bohre etwas nach. Und so erzählt sie mir, dass sie nach einem Gemeindewechsel tatsächlich eine neue Hingabe und Liebe zu Gott erlebt hätte. Bibellesen, beten, Lobpreis – das ganze Programm sei ihr auf einmal ganz leicht gefallen, hätte wieder Spaß gemacht. Aber dann hält sie inne und sagt, dass das alles seit ein paar Monaten futsch sei. Jetzt säße sie im Gottesdienst und wüsste gar nicht mehr, warum.

„Was ist passiert?", frage ich.

„Ich krieg's nicht hin, als Christ zu leben", antwortet sie.

„Warum das denn nicht?"

Sie sieht mich verstohlen an und sagt, dass sie einen nichtchristlichen Freund habe. Ich verstehe nicht ganz, was sie mir damit sagen will. Anscheinend merkt sie das, denn sie schiebt hinterher, dass sie auch mit ihm geschlafen habe. Da ich sichtlich immer noch nicht verstehe, was das eine mit dem anderen zu tun hat, sagt sie: „Das ist doch nicht richtig, oder?"

Ich weiß nicht recht, ob ihr „Oder?" ein rhetorisches ist. Ob sie tatsächlich wissen will, wie ich zu der Thematik stehe. Ist mir auch egal, denn ich glaube nicht, dass es ihr an diesem Punkt weiterhilft, diese Frage zu erörtern. Also sage ich: „Darum geht's doch gar nicht. Egal, wie Jesus es findet, er ist bei dir, das ist wichtig."

Jetzt ist es an ihr, mich verständnislos anzusehen. Und dann erzählt sie mir, dass ihr kürzlich ein sehr guter, christlicher Freund gesagt habe, dass er sich erst wieder mit ihr treffen würde, wenn sie von dieser Sünde umgekehrt sei und sich von ihrem Freund getrennt hätte. *Na toll*, denke ich, *wer solche Freunde hat, braucht wirklich keine Feinde mehr.* Also versuche ich, mit ihr übers Evangelium zu reden, darüber, dass Gottes „Ja" zu uns unabhängig von unserem Verhalten ist. Und mir fällt auf, dass ich solche Gespräche immer wieder führe.

Es ist gar nicht so, dass ich es nicht wichtig finde, über solche Fragen nachzudenken. Ob es zum Beispiel klug oder unklug für Christen ist, einen ungläubigen Partner zu wählen. Sex vor der Ehe usw. Ich habe sogar Meinungen dazu (die ich jetzt aber nicht kundtue – denn darum geht es hier, wie erwähnt, nicht). Aber ich denke, so lange man Gottes Liebe und Freundschaft noch vom richtigen Verhalten zu solch einer Frage abhängig macht, so lange stellt man sich die Frage zum falschen Zeitpunkt. Ob meine Bekannte mit ihrem Freund schläft, vermehrt oder vermindert Jesu Liebe zu ihr nicht. Er ist in diesem Augenblick bei ihr. Sogar, falls er es falsch findet.

Irgendwie verstehe ich das nicht. Wer ist denn ein richtiger Christ? Jemand, der in jedem Moment seines Lebens vollkommen verrückt nach Gott ist? Jemand, der ein heiliges Leben führt? Jemand, der Stille Zeit macht? Oder gar jemand, der noch niemals einen nichtchristlichen Partner hatte? Ist nicht immer noch der ein Christ, der glaubt, dass Jesus für ihn gestorben ist?

Es ist erstaunlich, wie viele Christen nicht ans Evangelium glauben. Wenn sie geistlich funktionieren, dann glauben sie, dass Gott bei ihnen ist. Wenn nicht, dann ist das höchste ihrer Gefühle die Vorstellung, dass er sie kritisch beobachtet. Und so entscheiden nicht selten Fragen wie die obige (und dergleichen gibt es hunderte), ob jemand Christ bleibt, abfällt oder sich (weil er nicht den Mut hat abzufallen) als halbchristliches Würstchen am Gemeinderand herumtreibt. Dabei hat Jesus doch gerufen „Es *ist* vollbracht" und der Vorhang des Tempels, hinter dem sich Gott vor unserer Sünde verstecken musste, *ist* zerrissen! Tatsache ist, dass Jesus in jeder Sekunde unseres Lebens bei uns ist. Ob wir's gerade sehr gut, halb gut oder schlecht machen, ändert daran nichts. Dafür ist er am Kreuz gestorben.

Nichts kann uns von seiner Liebe trennen, das ist das Evangelium und darum geht es immer noch primär. Nicht ums richtige

Funktionieren. Viele Christen machen leider den Eindruck, als sei die gute Botschaft nur dazu da, Nichtchristen anzulocken.

Ich hoffe und bete, sollte diese Kolumne Diskussionen entfachen, dass nicht „Sex vor der Ehe" das Thema sein wird – denn darum ging es mir nicht. Ich wünsche meiner Bekannten jedenfalls, dass sie den Glauben ans Evangelium wiederfindet, damit sie den Frieden Gottes sogar dann erleben kann, wenn sie mit einem Nichtchristen zusammen ist. Ich denke, dass jegliche Frage nach dem Willen Gottes erst dann Sinn macht, wenn man glauben kann, dass er einen sogar liebt, wenn man die falsche Entscheidung trifft. Denn das tut er.

Ein großes Stück von dieser Liebe Gottes wünsche ich euch, liebe Leser. Das war's von mir – ich bin raus.

Extra Large Bonus Ende

Über das Schreiben und andere Träume

Um ihn und seine Ansichten vielleicht noch besser verstehen zu können, gibt es hier noch einige Infos von und über und mit Jay.

Die „Kamikaze-Motte" Jakob F. – „Charakterheft-Infos":

Alter:	34
Wohnort:	Frankfurt am Main/Rödelheim
Herkunft:	Hessen
Familie:	Julia, Joleen und Juni
Ausbildung:	Sozialpädagoge
Beruf:	Freischaffender Künstler, Kabarettist, Autor und Kinogänger
Heutige Gemeinde:	Evangelische Andreas-Gemeinde in Niederhöchstadt
Sonstige Hintergründe:	Hab sonst keine Hintergründe, komme aus dem Nichts, bin nur eine Motte: Immer dem Licht entgegen bis ich verbrenne ...! * ;-)
Interessen:	Meine Frau und meine Töchter, Philosophie, Filme jeglichen Genres, Kino und DVD, Romane lesen und schreiben (am liebsten Thriller), Musik und natürlich die Geschichte mit meiner Frau im Schlafzimmer ...
Lieblingsbands:	U2, Fantastische 4, Skunk Anansie

---

* Ironie!

Lieblingsbücher:	„Es" von Stephen King, „Der Name der Rose" von Umberto Ecco, „Owen Meany" von John Irving und „Otherland – Band 1-4" von Tad Williams
Lieblingsautor:	Stephen King, Adrian Plass
Lieblingsregisseure:	M. Night Shyamalan, David Fincher, James Cameron, Woody Allen, PT Anderson, Cameron Crowe, Tom Tykwer, Christopher Nolan
Lieblingsfilme:	12 Monkeys, Unbreakable, Fight Club, Memento, Lola rennt, Hannah und ihre Schwestern, Magnolia, Stand by me, Forrest Gump, Titanic, Herr der Ringe, Good by Lenin, Und täglich grüßt das Murmeltier, Adaption, Strange Days, Tote tragen keine Karos

Jay & Nicole about Jay & Kolumnen – ein Interview (oder so was ähnliches ...)

Wie hatte das eigentlich angefangen? Wie bist du zum Kolumnen-schreiben gekommen?

In der *dran* gab's damals immer so eine Musiker-Kolumne. Cae Gaunt hatte da schon geschrieben und direkt vor mir Lothar Kosse. Und in diesem Rahmen wurde auch ich von der *dran* angefragt, ob ich nicht Lust zu so was hätte. Ich war mir jedoch erstmal ziemlich unsicher, ob ich das überhaupt kann. Eigentlich hätten sie auch lieber eine NIMMZWEI-Kolumne gehabt, also was Witziges, was Volker und ich geteilt hätten. Aber zu meinem Glück (oder dem „Pech" der *dran* – wie man's nimmt) steckte Volker 1995 mitten in seinem Examen zum Grund- und Hauptschullehrer. Und so wurde aus der NIMMZWEI-Kolumne eben „Jakobs Meinung".

Was meint(e) denn dann die andere Hälfte von NIMMZWEI zu den Kolumnen?

Volker war immer sehr supportend. Ich glaube, er war auch ein bisschen neidisch, als die Kolumne so viel Anklang fand, hat mich das aber nie auf negative Weise spüren lassen. Und dass meine Ergüsse – nach seinen eigenen Angaben – immer das Erste waren, was er in der *dran* gelesen hat, hat mir schon irgendwie gut getan.

Dazu muss man wissen, dass ich am Anfang von NIMMZWEI ziemlich in Volkers Schatten stand. Er schrieb Songs am laufenden Meter und war einfach der bessere Komiker von uns beiden (ist er eigentlich immer noch). Ich kam mir eine Zeit lang wie ein Anhängsel vor. Das hat sich inzwischen zu einem echt paritätischen Verhältnis entwickelt, und ich glaube, dass die Kolumne einiges dazu beitrug, dass ich mich freischwimmen konnte. Die Kolumnen-Schlacht musste ich ganz alleine schlagen, das gab mir Mut, mich auch bei NIMMZWEI mehr zu behaupten, und Volker forderte es ein Stück Respekt ab, was mir wiederum Mut machte usw.

Wo wir schon mal bei Mut sind: Hat dich das nicht viel Kraft gekostet, deine Meinungen und damit auch ein Stück deiner Seele zu zeigen? Schließlich machst du dich mit Offenheit auch verletzbar ...

Jupp, hat es. Mal mehr, mal weniger. Allerdings hatte es auch was von ner Eigentherapie. Man wird sich seiner eigenen Gedanken und Gefühle bewusster und indem man das Ganze auch noch der Öffentlichkeit zugänglich macht, sagt man so was wie: „Hier, das bin ich! Nehmt mich so oder leckt mich - ich werde mich nicht für euch verstellen!"

Wie kamen die Leser mit dieser Einstellung zurecht? Wie waren die Reaktionen?

Sehr unterschiedlich. Die Kolumne hat sich ja sehr verändert. Ich begann mit so was wie einer charismatischen „Hey-Leute-Jesus-ist-echt-super-cool-und-wir-sollten-alle-ein-bisschen-radikaler-werden"-Attitüde. Wo ich schließlich gelandet bin, lässt sich hier im Buch nachlesen. Vielleicht ist der formale Wandel von „Jakobs Meinung" über „Jakobs Erleuchtung" zu „Ein Tag im Leben des Jakob F." auch ein ganz guter Spiegel für ihre inhaltlichen Veränderungen, die wiederum natürlich meine eigenen inneren Stürme spiegeln.

Ursprünglich war die Kolumne ja nur für ein Jahr vorgesehen, so wie die anderen Musiker-Kolumnen vorher auch. Aber die *dran* mochte meine sperrige Art anscheinend. Außerdem schnitt meine Kolumne in einer Leserumfrage am besten ab, und so behielten sie mich als regelmäßigen Kolumnisten.

Interessanterweise – um wieder auf deine Frage zurückzukommen – änderte sich die Leserresonanz nicht, als ich inhaltlich mehr dazu überging, meine eigenen Zweifel und Fragen offen zu legen, sondern wurde noch intensiver. An diesem Punkt gab es dann zwar deutlicheren Leserprotest, aber auch die Stimmen derer wurden lauter, die sagten: „Endlich schreibt mal einer, wie es ist und nicht immer nur darüber, wie es sein sollte." Und so kam es, dass sich nach manchen meiner Kolumnen regelrechte Leserbriefschlachten entwickelten, die hitzig verhandelten, ob das noch in Ordnung sei, was ich geschrieben hatte.

Am heißesten wurde es wohl, als mich der Evangelist Theo Lehmann für eine Kolumne sehr heftig angriff. Da musste ich schon ganz schön schlucken. Immerhin war dieser Text („Olli ist tot") das Intimste, was ich bis dato öffentlich preisgegeben hatte. Daraufhin stellten sich andere Leser an meine Seite und sagten sehr deutlich, dass sie es richtig und sehr mutig fanden, dass ich mich öffentlich so nackig gemacht hatte. Dem einen war ich suspekt, die anderen liebten mich, so ging das ganz oft. Anscheinend traf ich – so oder so – den Nerv meiner Leser.

Wolltest du manchmal absichtlich provozieren? Und wenn ja, warum?

Klar. Oft schrieb ich mir meinen Ärger über bestimmte Missstände von der Seele. Ich hatte die Schnauze gestrichen voll vom frommen Einheitsbrei, der sich bloß ewig selbst feiert. Ich steckte ja mitten in einer echten Lebens- und Glaubenskrise.

Die Gemeinde, an die ich acht Jahre meines Lebens verschwendet hatte, hatte mich einfach fallen gelassen, weil ich nicht mehr richtig funktionierte. Und über Monate lauerte in mir das Gefühl, dass auch Gott mich abgeschrieben hat. Dabei habe ich das Christentum von seiner dunklen Seite erlebt.

Ich bin der Typ, der nicht zurückhalten kann, wenn ihn etwas beschäftigt. Und irgendjemand sollte auch mal über den Scheiß schreiben, den wir Christen so veranstalten, dachte ich. Und so kam es eben zu den heftigeren unter meinen Kolumnen.

*Wie haben die Menschen reagiert, nachdem sie erfahren haben,
dass du über Erlebnisse mit ihnen schreibst?*

Ich habe nie die wirklichen Namen verwendet und manchmal
auch aus mehreren Begegnungen mit verschiedenen Leuten eine
einzige gemacht. Ich wollte ja nicht konkrete Personen angrei-
fen, sondern auf allgemeine Dinge hinweisen, die mir auffielen.
Die Pastoren der Gemeinde, von der ich eben sprach, haben sich
wohl über manche Kolumnen geärgert, wurde mir erzählt. Das
tut mir nicht Leid. Darüber freue ich mich sogar – getroffener
Hund bellt! Ich habe in all der Zeit in keiner einzigen Zeile den
Namen jener Gemeinde erwähnt und werde es auch jetzt nicht
tun. Es ging mir nie darum, auf bestimmten Leuten rumzu-
hacken.

*Tun dir manche Dinge, die du in deinen Kolumnen geschrieben
hast, im Nachhinein Leid?*

Nö!

Wieso nicht?

Sollte es das denn ...?

Wenn sich Leute über mich ärgern, regt es sie vielleicht zum
Nachdenken an (und auch wenn sie andere Schlüsse als ich ziehen, dann ist doch das Nachdenken an sich schon ein lohnens-
werter Anstoß von mir gewesen). Wenn ich Leute verunsichert
habe, dann freut mich das sogar. In Verunsicherung liegt die
Qualität zu mehr Mündigkeit verborgen. Man muss sich nur auf
den Weg machen und sich den Fragen stellen, die diese mulmi-
gen Gefühle im Bauch verursachen.

Überhaupt ist das vielleicht einer meiner Hauptanliegen:
Keine Angst vor Fragen! Jesus ist bei dir, der schlägt sich seit
2000 Jahren mit den Fragen, Zweifeln und Abgründen seiner
Leute herum. Der weiß, wie das geht.

Hast du deine Sichtweisen zu manchen Sachen inzwischen wieder geändert?

Sicher, manches würde ich heute anders formulieren. So eine Kolumne hat ja was von einer Momentaufnahme. Und gerade bei manchen Aussagen der ersten zwei Jahre, zucke ich heute innerlich etwas zusammen. Aber stehen tue ich zu allen.

Und das Interessante ist, wer alle meine 57 Kolumnen von vorne bis hinten liest, wird sehr schön meinen geistlichen Weg verfolgen können. Manche Sachen aus den ersten eher charismatisch-offensiven Kolumnen habe ich in späteren Ausgaben wieder etwas relativiert und damit in ein Licht gerückt, in dem ich zu der gemachten Aussage heute ohne Probleme stehen kann.

Außerdem hätten es eine Menge Themen natürlich verdient, eingehender beleuchtet zu werden. In dem Format einer Kolumne kann man vieles leider nicht ausdiskutieren sondern nur anreißen. Dass ich darunter gelitten habe, sieht man daran, dass ich auf viele Themen immer wieder zurückkam, um sie nochmal von einem anderen Blickwinkel aus zu beleuchten.

Manche Themen, die du ansprichst, sind in deiner Kolumne als auch bei NIMMZWEI zu finden. Hat die Kolumne dich manchmal zum texten von NIMMZWEI Songs inspiriert oder umgekehrt?

Auf jeden Fall. Der Song „Gefunden" beispielsweise geht auf eine der Kolumnen zurück. Oder war es umgekehrt – ich weiß es gar nicht mehr. „Einfach Christ" ist auch so ein Song. Oder „Ich sehn mich nach dir." Es gibt sicher noch mehr, die mir jetzt aber nicht auf Anhieb einfallen ... Wäre ja auch seltsam, wenn so eine persönliche Sache wie diese Art der Kolumne und unser künstlerisches Schaffen mit NIMMZWEI sich nicht in der einen oder anderen Form überschneiden würde.

Was hat dir die Kolumne selber gebracht?

Die Möglichkeit, meinen Weg mit Jesus zu reflektieren und die Spannungen, die daraus resultieren, zu verarbeiten.

Und was glaubst du, war dein Hauptantrieb, die Kolumne zu schreiben?

Gute Frage. Muss ich mal meinem Therapeuten in meiner nächsten psychoanalytischen Sitzung stellen ...

Nee, also auf Anhieb fällt mir da nichts Kluges ein. Warum drückt man sich als Künstler aus? Wahrscheinlich weil man gar nicht anders kann. Wovon das Herz voll ist, davon fließt der Mund über.

Alle Kolumnen zusammengefasst – wovon ist das Herz am meisten übergeflossen? Siehst du einen roten Faden, eine Aussage, die sich durch alle hindurchzieht?

Die Sehnsucht nach Authentizität ist wohl das am meisten hervorstechende Merkmal, das sich von der ersten bis zur letzten Kolumne findet.

Ein weiteres, die Divergenz von dogmatischem, gepredigtem und gelebtem Glauben.

Dann natürlich: Jesus unser Erlöser, und die Frage danach, was seine Erlösung für meine kleine Welt und ihre Abgründe bedeutet.

Außerdem noch die Sehnsucht nach brüderlichem Umgang unter Christen, fernab jeder Ideologie.

Was war eigentlich der Grund dafür, dass du so plötzlich mit dem Kolumnenschreiben aufgehört hast?

Da gab es mehrere. Zum einen fühlte ich mich leer geschrieben. Meine Themen waren abgegrast und mir fiel es immer schwerer, auf neue Gedanken zu kommen. Zum anderen war mein Frustrationspunkt, was die Bearbeitung meiner Beiträge durch die Redaktion anging, einfach überschritten.

An den Kolumnen kann man ja auch sehen, dass dein Schreibstil sich in den Jahren weiterentwickelt hat. Hast du schon überlegt, was anderes als Kolumnen zu schreiben? Und wenn, was wäre das?

Ich sitze gerade an einem Roman. Mal wieder ... Schreiben ist eine echte Leidenschaft für mich geworden, und mein Traum ist es, Romane zu veröffentlichen. Aber bis es dazu kommt, habe ich wohl noch ein Stück Weg zu gehen. Mal schauen ...

Was hält Julia, deine Frau, von deiner Schreibe?

Sie hält mich für genial, für den größten Autor aller Zeiten – für den neuen, deutschen Woody Allen ... Na ja, Scherz beiseite. Ganz so hoch stehe ich leider nicht bei ihr im Kurs. Aber sie glaubt an mich und war, was meine Kolumnen angeht, immer sehr unterstützend. Und sie hat einen ziemlich guten Riecher. Wenn sie sagt „das ist Dreck" stimmt's meistens auch.

Nach einem Jahr ohne Kolumnen schreiben – vermisst du es?

Mal mehr, mal weniger. Es war schon eine wirklich tolle Sache, sich über so einen langen Zeitraum öffentlich austoben zu können. Dafür bin ich der *dran* echt dankbar. Und ja, es gibt durchaus die Momente, in denen mir was durch den Kopf geht, über das ich gerne wieder etwas schreiben würde. Aber im Großen und Ganzen genieße ich die Entspannung, den Mund halten zu dürfen.

Na ja, fast – immerhin laberst du mir und dem Leser hier gerade nen Knopf an die Backe! (Sag jetzt nicht, dass das meine Idee war – du bist es, der sich hier wieder freiwillig nackig macht ...)

Tja, ist wohl meine Bestimmung ... *(Jay lacht dreckig).*

Irgendwie kann ich gar nicht anders. In mir steckt das Bedürfnis mich mitzuteilen, und ich habe nie verstanden, wieso man sich dabei verstellen sollte. Ist das, was mich (oder einen anderen) ausmacht, nicht genug wert, gehört zu werden?

Ist es. Auch mein Lebensmotto.

Nachdem du jetzt keine Kolumnen mehr schreibst, kann der Leser deine Entwicklung nicht mehr miterleben. Was hat sich seit dem Ende der Kolumnen verändert? Wie würdest du den jetzigen Jakob F. beschreiben?

Mann-o-mann, du stellst Fragen … Na ja, es verändert sich natürlich immer eine Menge.

So ist unser zweites Kind frisch angekommen, das unser Leben wohl durcheinander werfen wird. Da bin ich schon sehr gespannt.

Zum anderen muss sich NIMMZWEI umbenennen, weil ein gewisser Bonbonhersteller ein Problem mit unserem Namen hat. Ab 2003 heißen wir also SUPERZWEI. Und nach über fünfzehn Jahren so etwas Bedeutendes wie einen Namenswechsel durchziehen zu müssen, macht mich ziemlich kribbelig. Man kriegt Existenzängste und fragt sich, ob die Leute das mitkriegen werden, weiter zu Konzerten kommen usw.

Ansonsten beschäftigen mich nach wie vor viele der Fragen, die ich in meinen Kolumnen aufgeworfen habe. Am meisten diese: Gibt es ein Christsein fern von Phrasen, Besserwisserei, großspurigem Getue oder lauer Irritation? Und wenn ja, wie findet man seinen Weg dahin?

Mit dieser Frage entlassen wir den Leser und beenden das Gespräch und dieses Buch. Thanx Jay!

Nicole Vogel darf jetzt mal protzen und sagen, dass sie Baujahr 1979, Autorin, ebenfalls Kolumnistin und freie Lektorin ist.

Links ins Internet:
www.superzwei.de
www.nicolevogel.de
www.brendow-verlag.de

Ich danke

Meiner Frau Julia, die in all den Jahren jede meiner Arbeiten gelesen und redigiert hat. Ohne sie hätte diese Kolumne sicher nicht so lange durchgehalten. Und ich sowieso nicht.

Volker. Seit über fünfzehn Jahren sind wir ein klasse Team – weiter so!

Meiner Lektorin Nicole Vogel, für einen lustigen Abend, die dicke Ermutigung und den Spaß, zusammen an dieser Veröffentlichung zu arbeiten.

Jesus, dafür, dass du nie losgelassen hast.

Willkommen in Nicoles Welt!

Nicole Vogel
Nicoles Welt
Mein skurriles Universum

Taschenbuch, 180 Seiten
ISBN 3-87067-915-3

Fröhlich, traurig, fromm, lustig, anrührend, schrill, bunt
und hoffnungsvoll geht es zu, wenn Nicole Vogel
schildert, was sie um sich herum beobachtet hat.
Herausgekommen sind Erzählungen, Kurzgeschichten,
Dialoge, Andachten, Kolumnen, Satirisches, Lyrisches,
Kurzes, Langes ...

„Ich schreibe Bücher, weil ich möchte, dass man sich
identifiziert, dass man spürt, ich bin nicht allein."
Nicole Vogel

Brendow
VERLAG · MEDIEN